« *Rien n'est stable, on crée son propre monde.* »

Göran Tunström

Louise Poliquin

Notre fonction créatrice,
un atout pour la vie

Éditions GAI SAVOIR

Du même auteur:

DE L'IMAGINAIRE À L'EXPRESSION CRÉATRICE,
AVEC LA BANDE À FAFOIN
Centre Éducatif et Culturel inc., Montréal 1992

© Éditions GAI SAVOIR 1998

Tous droits réservés

A mes enfants et petits-enfants

*Anne, Thierry, Sophie
Bruno, Fanny, Jessica et Pascalou*

Ma reconnaissance à mon amie, Malou Delheusy Stass, à qui je dois l'initiative de ce projet.

Mes remerciements affectueux à Lise Bouchard, Hélène Bernier, Marie-Ange Cors et Michèle Jean qui ont su me soutenir et m'apporter leurs précieux conseils.

Préface

Louise Poliquin est une amie d'enfance. Pendant des décennies, je l'ai vue à l'œuvre dans ses ateliers de peinture pour les enfants. L'intense présence qu'elle accordait à chaque élève individuellement m'a toujours impressionné.

Comme je les enviais…

Comme j'aurais voulu, dans cette ambiance chaleureuse, profiter de ce bain de créativité…

Qu'elle ait puisé dans sa vaste expérience pour rédiger ce livre me réjouit profondément. Au travers de son témoignage, on sent vibrer la passion qui l'a accompagnée tout au long de son parcours éducatif. Ce livre est pour moi comme une source de compétences et d'espoirs pour tous ceux qui œuvrent à cette tâche si fondamentale : l'éveil de la créativité chez l'enfant.

Il devrait être lu en particulier par tous ceux qui se préparent à entrer dans ce domaine.

D'une façon qui peut surprendre, ce livre me touche également en tant qu'astrophysicien.

Quel rapport peut-on établir entre l'histoire du cosmos et l'éveil de la créativité chez l'enfant ?

Dans le contexte de nos connaissances scientifiques contemporaines, la notion de créativité s'étend à la nature toute entière. Si on tentait de tracer le profil psychologique de ce personnage mystérieux que nous appelons familièrement «la nature», on reconnaîtrait là un de ses aspects les plus importants. Depuis le dénuement chaotique du Big Bang, il y a 15 milliards d'années, «la nature» n'a cessé de créer toujours du nouveau, de l'inédit. Ses réussites successives se nomment noyaux, atomes, molécules, cellules vivantes, organisme, êtres humains. Dans la foulée de cette démarche inventive, l'être humain est celui qui élabore de nouvelles merveilles. En ce sens, il est comme responsable, «chargé de mission» de la poursuite de la créativité naturelle.

L'élaboration de ce projet ne se passe pas automatiquement chez l'être humain. Il traverse des phases variées et ne peut se réaliser pleinement sans l'appui et la vigilance d'éducateurs attentifs et compétents pour offrir «la nourriture» appropriée au bon moment et éviter les écueils. A chaque âge, des pulsions créatrices se manifestent qui s'atrophient si elles ne sont pas accueillies, reconnues et encouragées.

Mais Louise Poliquin va plus loin. Elle pose une question fondamentale : comment accompagner l'enfant si l'éducateur lui-même n'est pas en contact avec sa propre fonction créatrice?

C'est bien là, le sujet.

Comment transmettre ce que l'on n'a pas développé?

S'il faut "être" pour "créer", il faut aussi "créer" pour "être". C'est-à-dire s'épanouir et développer encore plus loin sa propre créativité.

Voilà en peu de mots, le message de Louise Poliquin.

Hubert REEVES, septembre 1998

Sommaire

Avant-propos xi

La fonction créatrice 1
   Naissance de la fonction créatrice 1
   Dynamique de la fonction créatrice 10
   Processus de maturation de la fonction créatrice 17

L'art d'éduquer 35

L'image 49
   Les images qui nous habitent 50
   Les images venues d'ailleurs 57

L'imagination 61

L'imaginaire 85

L'imaginaire en mutation 99

Le symbole 119

Les archétypes 135

Des activités qui "font sens" 153

S'ouvrir à la connaissance 179

Prendre soin de soi 187

Table des matières 201

Bibliographie 207

Note de l'auteur

«Nous sommes tous éducateurs de nos semblables.»

Carl Jung

Le choix du mot "éducateur" que nous retrouverons tout au long de ces pages, comprend aussi bien le parent que l'enseignant et, bien sûr, la personne qui porte déjà ce titre. Chaque enfant étant appelé à côtoyer différents éducateurs, ceux-ci doivent avoir un fonctionnement cohérent, non seulement pour leur propre gouverne, mais aussi entre eux, afin de créer, autour de l'enfant, un réseau qui se nourrit aux mêmes valeurs éducatives. L'éducation passe par la relation, et qui dit relation évoque nécessairement l'affectif. C'est donc par la connaissance de soi, de l'enfant et de notre métier que nous apprenons à devenir éducateur de nos semblables.

Avant-propos

« N'écris que ce qui fait de la vie pour toi »,
me recommandait Ananda Rose.

La vie ?... Pour moi ?... C'est ce qui est en marche, ce qui incite à aimer, à être, à connaître et à réaliser.

Aider les êtres à devenir de plus en plus créateurs de leur vie ? C'est aller à la rencontre de la vie elle-même.

Amener les éducateurs et éducatrices à réfléchir au fait que chaque enfant qui leur est confié est créateur de sa propre vie, c'est donner au métier d'éduquer une dimension inimaginable, si grande, que seul l'amour peut la combler !

Lors de mes rencontres avec les parents et enseignants, je dis toujours que l'éducation est le plus beau métier du monde et, chaque fois, je ressens une grande émotion ! Qu'y a-t-il de plus beau et de plus créateur que ce métier ? Il est fait d'accueil de l'autre, de respect de l'autre, de confiance en l'autre. Trois attitudes qui laissent à cet autre, l'espace d'être lui-même et de cheminer. Trois attitudes par lesquelles circule la vie.

Ayant vécu des mois de recherche, des mois de questionnement accompagnés de nombreuses joies et peines témoignant ainsi que mon cœur était bien vivant et voulait se livrer tel quel, j'ose maintenant espérer qu'à la lecture de ces quelques chapitres, vous retrouverez cette vie qui les a mis au monde.

J'espère également que vous accompagnerez votre lecture de votre propre clarté intérieure, de votre connaissance de vous-même et des enfants que vous aimez.

Enfin, j'espère qu'il vous sera possible d'augmenter votre désir amoureux du beau métier que vous pratiquez et qu'ainsi, à votre tour, vous vous sentiez rempli d'énergie, bien vivant !

Chapitre

La fonction créatrice

Naissance de la fonction créatrice

Etre et faire, c'est se réaliser

Lorsque, au jour le jour, nous construisons notre propre vie, nous participons à la création du monde, du moins à son développement et à son renouvellement; nous participons aussi à notre propre création. Ce que nous faisons nous inscrit dans la réalité et nous renvoie à ce que nous sommes. Ainsi "l'être et le faire" se conjuguent.

La création? C'est le début du monde! C'est l'œuvre d'une très lente évolution. En parler, c'est nécessairement pénétrer les domaines du spirituel, de la science et de la philosophie, domaines qui engendrent spontanément le questionnement. Il est donc important de situer la création en remontant à son origine première, à sa fonction primordiale, celle de "mise au monde".

Chapitre 1

L'action de créer propulse dans l'être humain un sentiment de puissance: une chose n'est pas, et soudain, elle prend forme et existe. Une part de nous-mêmes s'en trouve bouleversée. N'y aurait-il pas d'analogie avec le pouvoir "divin"? C'est la prise de conscience de ce fait qui engendre un sentiment de puissance, sentiment d'où découlent fierté, confiance en soi et regard renouvelé sur la vie. Croire en soi et poser ses marques, c'est participer au grand Tout de la création.

Nous pouvons donc dire, sans prétention, que nous sommes d'infimes particules jouant leur rôle dans le présent et laissant des traces dans l'avenir, laissant peut-être quelques "poussières d'étoiles"?... «Dans quelques décennies, nous ne serons plus, mais nos atomes existeront toujours, poursuivant ailleurs l'élaboration du monde.»[1]

La beauté du verbe "Etre"

La créativité a commencé à "faire sens" à mes yeux et à devenir une "voie géniale" aussi bien sur le plan personnel que pour mon métier d'éducatrice lorsqu'un jour, dans un moment de réflexion, l'importance du verbe ETRE m'est apparue. Ce fut un moment jubilatoire! J'avais ignoré jusqu'alors la profondeur du "je suis"! Les pensées que je venais d'engendrer donnaient une autre forme à mon existence. De ce seul fait, je me sentais ETRE et l'incarnation de tout ce qui était vivant prenait soudainement racine en moi. J'avais saisi que tout être, tant qu'il est vivant, se crée et se recrée sans cesse. Nous serions donc responsables de notre vie, libres d'en faire ce que nous désirons? Voilà qui est à la fois passionnant et sérieux!

Toutefois, cette nouvelle conscience du 'je suis' ne pouvait me contenter car elle engendrait automatiquement la question du "oui mais, qui suis-je?"

---

[1] Hubert Reeves, <u>Patience dans l'Azur</u>, Paris, Ed. Le Seuil, 1981, p. 143.

Dès lors, je me suis engagée dans la recherche de la connaissance de moi-même, recherche fondamentale, qui n'a jamais de fin et nous accompagne toute notre vie ... jusqu'à la mort paraît-il!

«C'est ce que je fais qui m'apprend ce que je cherche.»[2]
L'acte de FAIRE, de passer à l'action, en s'inscrivant dans la réalité, nous révèle à nous-mêmes par un effet de miroir. C'est donc ce que je fais qui me crée, me met au monde. Ainsi, de réflexion en réflexion, j'apprenais à rejoindre ce qu'était l'ETRE en moi, cet être "en désir de permanence", cet être personnel qui, pour participer au grand tout de l'univers, cherche à faire sa marque de façon tout aussi personnelle. Même si cette marque, n'est qu'un grain de sable dans le désert, une goutte d'eau dans l'océan, une petite feuille sur le grand baobab, elle a son importance puisqu'elle possède la qualité d'être authentique.

Chaque être étant unique, ce qu'il produit est unique aussi. Si je participe à la création, j'ai de l'emprise sur ma vie et je m'inscris dans l'univers. L'ETRE et LE FAIRE deviennent ainsi intimement liés.

Une découverte amenant toujours un autre questionnement, je me suis demandée d'où venait ce désir de réalisation de soi-même, comment ce désir prenait naissance et pourquoi nous avions tant besoin d'affirmer notre présence au monde et d'y laisser notre empreinte.

Je me suis alors intéressée à la fonction créatrice.

A travers l'écriture d'une grande dame, artiste et philosophe, Ludmilla Chiriaeff, j'ai un jour découvert ce que j'aurais voulu savoir écrire. Je vous le livre ici :
«Je me suis surprise à être fascinée par la Vie. Par sa présence. Par sa transformation continuelle. Par son éternité évidente. Par sa supériorité sur la "non-vie". Elle est le verbe être et non le verbe paraître. Elle ne se maquille pas pour plaire. Elle est. Et ce fait "d'être" la dote de forces inouïes tant terrestres que spiri-

---

[2] Alain Beaudot, Vers une pédagogie de la créativité, Paris, Les Editions ESF, 1976, p. 25.

Chapitre 1

tuelles. Il faut donc vivre en elle pour capter son énergie divine ... {...} la Vie continue de se manifester partout, malgré tout et à travers tout: en nos descendants, en nos œuvres, en un éclair, en une pensée, en nos inspirations.»[3]

La créativité venait tout simplement de s'imposer à mon entendement.

«*Créer, c'est inscrire quelque chose dans le réel*»[4]

Il est une fonction dont la source appartient au domaine de l'énergie fondamentale. Elle vit en nous depuis notre enfance et c'est elle qui vitalise notre désir d'action. Cette fonction, nommée créatrice, est reconnue comme étant une "pulsion" agissant au coeur même de la nature humaine. Son rôle: aider l'être humain à découvrir ses capacités d'engendrer sa propre vie et lui fournir les stimuli propices à son accomplissement. L'essentiel de sa tâche consiste donc à raviver sans cesse l'énergie indispensable à toute réalisation personnelle et significative pour chacun de nous.

C'est dans et par l'action que la créativité trouve son épanouissement et chacune de ses manifestations nous procure un merveilleux moment de découverte intérieure. Tel un miroir, l'action créatrice nous fait prendre conscience de nos capacités de faire, de nos valeurs, des orientations qui s'annoncent, des sentiments qui nous habitent, etc. Elle nous révèle aussi nos goûts, nos aptitudes, nos rêves, nos désirs de communication et va parfois jusqu'à réveiller nos plus vieux souvenirs.

Non seulement la fonction créatrice provoque, par nos réalisations, une reconnaissance de nous-mêmes, mais elle favorise aussi la communication avec les autres. La création est donc sociale!

La fonction créatrice, plus souvent appelée "la créativité" s'alimente de nos connaissances. Qu'elles soient intellectuelles, phy-

---

[3] Ludmilla Chiriaeff, Comme un cri du cœur 11, Montréal, Ed. L'essentiel, 1995, p. 24.

[4] Michaël Dufrenne, Esthétique et philosophie, Paris, Ed. Klincksieck, 1976, tome 2, p. 78.

siques, psychiques ou sensorielles, elles sont, pour la fonction créatrice, une ressource et un enrichissement. Une fonction créatrice bien active est constamment "en recherche de se manifester". Elle ne peut simplement vivre à l'abri de la pensée. Elle doit se dire, se renouveler, s'épanouir et donner des fruits, car «Etre, ce n'est jamais cesser de naître.»[5]

L'intuition, un sixième sens ...

La créativité ne relève pas de l'intellect. Bien sûr, en cours de réalisation, l'intelligence entre en jeu, mais c'est l'intuition qui est au départ de son fonctionnement. Sans intuition, l'acte créateur manque de spontanéité, de fluidité, se cherche, se traîne... L'intuition, c'est notre sixième sens, celui qui vient directement de l'intelligence du cœur.

L'intuition est vive, elle est! L'être intuitif possède en lui des qualités de perception et d'attention qui lui font voir instantanément ce qu'il doit mettre en marche; dès lors, sa créativité se met en fonction. L'intuition est fulgurante, elle interpelle, elle traverse le temps.

Etre prégnant sur sa vie, voir ce qui se passe et savoir l'utiliser pour augmenter son bien-être, développer son potentiel et devenir de plus en plus conscient relèvent de la qualité de notre intuition. Les enfants, eux, sont des êtres intuitifs. Regardons-les, ils ont des antennes! Ils perçoivent et ils agissent. Si leur confiance est bien en place, ils ne tergiversent pas... Cette spontanéité leur fait vivre de multiples expériences desquelles ils retirent tout leur savoir. Un savoir intuitif bien sûr!

En vieillissant, en traversant des épreuves et surtout par l'éducation que nous avons reçue, nous avons quelque peu oublié notre intuition et notre esprit créatif; ces deux puissances qui nous servaient si bien étant enfant en ont été sclérosées.

---

[5] Thérèse Bertherat, Le corps a ses raisons, Paris, Ed. du Seuil, 1976. p. 10.

Chapitre 1

Nous pouvons cependant redonner vie à notre intuition. Elle a simplement besoin que notre cœur soit disponible, ouvert, pour lui permettre de fonctionner. L'ouverture réclame de soi l'abandon. Laisser la vie faire son travail en nous, préserver en soi cet "espace vierge, non peuplé" – espace qui peut accueillir tout simplement ce que la vie veut nous donner – dont parle le poète Rilke, notre intuition sera alors vivante et deviendra notre guide.

L'intuition en place stimule la fonction créatrice

Lorsque la vie semble ne plus nous offrir de rebondissement, lorsque tout nous apparaît linéaire, c'est que notre fonction créatrice est en panne; il faut alors avoir recours à notre intuition qui nous guidera vers de nouveaux intérêts. Et voilà que la vie renaît, se prend au jeu et rend notre fonction créatrice agissante. On se sent immédiatement inventif, rempli d'intérêt. L'intuition a accompli son travail.

Nous croyons toujours que c'est nous qui faisons tout le travail... Mais c'est la vie qui coule en nous, la vie intuitive qui nous pousse à l'accomplissement de nous-même.

En écoutant ce qui se passe en nous, nous adhérons à nos véritables désirs, ceux qui frappent à la porte de notre cœur et réclament d'entrer. En les accueillant, en leur donnant l'espace d'agir, nous devenons créateurs de notre vie.

Vivre créativement implique le mouvement. Nous devons donc accepter de prendre des risques, accepter l'incertitude!

Un rebondissement significatif

Une personne venue en consultation thérapeutique chez moi, affirmait ne plus ressentir aucun tonus créateur. Elle était près de ce que l'on peut appeler "le trou noir", celui qui happe l'énergie sans laisser passer aucune lumière et qui amène presque toujours la personne devant des choix drastiques : soit rebondir vers la lumière, soit creuser son trou encore plus profondément ! C'est une situation de souffrance, pleine d'embûches, mais qui peut aussi être salvatrice.

Or, cette personne, prisonnière de cette obscurité, reçoit un jour dans son courrier, et ce de façon tout à fait inattendue, une proposition de se mêler à un groupe musical. Dans sa dépression, elle ne voit là que des efforts à poser et semble ne pas s'y intéresser du tout. Elle me raconte le fait, sans plus.

Quelques semaines passent et, dans son sommeil, elle fait un rêve qui la laisse songeuse : elle se voit chef d'orchestre d'un groupe de musiciens éloignés, presque dans l'ombre. Elle a le visage voilé d'un léger tissu noir.

Lors de notre rencontre du lendemain, elle relate ce rêve en interprétant la symbolique du voile comme un deuil à porter. Elle se met alors à peindre ce voile noir, attentive au message qu'il pouvait bien lui glisser. Lorsqu'elle parle de "son orchestre", je détecte dans sa voix un brin d'énergie agressive : pourquoi ces musiciens étaient-ils si lointains et dans le noir ? L'agressivité créatrice pointait ! Ce n'était déjà plus l'indifférence dans laquelle ses images antérieures la laissaient. Je lui demande alors de visualiser à nouveau ce rêve en fermant les yeux et en essayant de sentir ce qui se passe en elle lorsqu'elle se projette "en chef d'orchestre". Et voilà que, pendant cette visualisation, je l'entends fredonner une musique qui lui revenait à

Chapitre 1

> l'esprit et qu'elle accompagnait doucement en battant la mesure de sa main droite. Dès lors, j'eus la certitude qu'elle émergeait de sa torpeur. Certes, il lui a fallu prendre le temps nécessaire pour reconstruire son désir de vivre, mais cette séance avait donné l'élan à son énergie créatrice. Durant les semaines qui ont suivi, d'autres visualisations l'ont aidée à revivifier sa créativité. Puis, un jour, elle m'a annoncé qu'elle était allée offrir sa voix à une chorale de sa localité. Elle avait retrouvé non seulement une joie de vivre, mais aussi une appartenance à ce domaine qu'elle chérissait. Son équilibre encore fragile s'en est trouvé fortifié.

"Le faire" dérive de "l'être"

Comme l'artiste qui, pour mettre au monde son œuvre utilise sa créativité, tout être humain qui prend sa vie en main et qui travaille à son épanouissement devient l'artisan de son moi en désir de grandir et de s'épanouir. La créativité, c'est donc LE FAIRE qui dérive de L'ETRE . C'est dans ce "faire" que nous apprenons et que nous renouvelons notre regard sur nous-même. De ce chemin sur la connaissance de soi dépend notre liberté profonde et notre adaptation à la vie.

Il peut arriver à certains moments de notre vie que la créativité nous apparaisse exigeante – voire même déstabilisante – et, de ce fait, nous la craignons. Il n'est pas toujours évident d'assumer la confrontation qu'elle peut provoquer! Nous préférons alors retourner à nos routines... Il est vrai que la créativité nous oblige à nous mettre à découvert et ne tolère pas beaucoup la routine. Cependant, lorsque nous tentons de l'ignorer, de faire taire notre désir d'expression créatrice, nous entrons dans une zone grise dans laquelle notre moi ne rencontre aucune reconnaissance; c'est donc une zone impersonnelle qui n'accorde qu'un faux repos.

Pour avoir à notre service une fonction créatrice bien vivante, nous devons l'entretenir, l'alimenter et la rendre opérante le plus souvent possible. Pour exister, elle a besoin d'expression, elle a besoin de créations. «Que serait une fonction sans des occasions de fonctionner?»[6]

Nous avons vu que **le travail de la fonction créatrice consiste à favoriser l'expression de notre être, à l'amener à se dire, à se mettre au monde et à communiquer avec le monde.** Toute création est donc une démarche qui vient chercher la globalité de l'être : le corps, l'esprit, l'imagination et l'affectivité sont propulsés dans la réalisation. Ainsi, sur tous les plans, l'être grandit.

> *Est créative la personne qui, à partir de ce qu'elle a intégré, donne un sens personnel à ce qu'elle met au monde ;
>
> *Est créative la personne qui accepte de réinventer sa vie de tous les jours et ne se laisse pas enfermer dans des routines aliénantes ;
>
> *Est créative la personne qui cherche à accéder à des fonctionnements qui l'aideront à renouveler sa pensée et l'amèneront à inventorier tous ses possibles ;
>
> *Est aussi créative la personne qui possède une attitude d'ouverture et de réceptivité, ce qu'Alain Beaudot a appelé : «être perméable à l'inaccoutumé!»[7]

---

[6] Gaston Bachelard, La philosophie du non, Paris, PUF, 1970, p. 144.
[7] Alain Beaudot, Vers une pédagogie de la créativité, Paris, Les Editions ESF, 1976, p. 62.

Chapitre 1

Dynamique de la fonction créatrice

Par nos sens, nous avons été éveillés à la vie; par nos sens, nous participons à la vie. Chacune des sensations perçues dans notre toute première enfance a donné forme à notre premier savoir du monde, un savoir personnel, coloré de sentiments et d'émotions. D'expériences sensorielles en expériences perceptives, un monde intérieur chargé d'affects[8] a construit peu à peu notre vision de la vie.

L'aventure de la connaissance

Au cours de l'enfance, selon les expériences vécues, le monde nous apparaissait bienveillant, chaleureux, capable de nous combler...; d'autres fois, il nous semblait hostile, malveillant, semeur de craintes, de désarroi et d'insécurité. Nos réactions aux expériences vécues ont construit notre savoir sensori-perceptif.

Savoir ne veut pas dire connaître... Nous savons beaucoup de choses, mais nous n'en avons pas nécessairement la connaissance. Pour être, la connaissance a besoin "d'appesantir" ses savoirs. L'enfant naissant sait déjà des choses, mais il lui faudra multiplier ses expériences sensori-perceptives pour que le monde devienne significatif à ses propres yeux. Il lui faudra bien douze à dix-huit mois de vie avant que s'épanouisse ce désir. Ce sera grâce à l'organisation de ses pulsions motrices, sexuelles et créatrices, sources d'énergie vitale, que le petit se mettra en marche pour faire la connaissance de lui-même, des autres, et du monde qui l'entoure.

---

[8] Affect: «Etat émotionnel parmi d'autres, dont l'ensemble constitue la palette de tous les sentiments humains.»
Grand dictionnaire de la psychologie, Paris, Ed. Larousse, 1992, p. 19.

Un désir de croissance

Au départ de la vie, lorsque le petit être se trouve encore au stade de ses besoins primaires – être nourri, langé, caressé, bercé, aimé et stimulé –, une certaine tension créatrice que l'on peut aussi appeler la "tension du devenir" est présente en lui. Celle-ci maintient son désir de croître, un désir latent qui ne saurait être comblé par l'enfant encore dépendant des soins maternels.

L'être, nous dit Dolto, est "un allant, devenant". C'est au fur et à mesure que se déroule sa deuxième année de vie que l'enfant prend conscience de ses propres capacités de faire, ce qui active nécessairement son désir de croissance. Sa tension créatrice transformée en fonction créatrice, l'enfant se met alors en marche vers sa propre création.

Pour s'aventurer sur ce chemin, l'enfant prend appui sur son savoir perceptuel aussi bien que sur son savoir cognitif transmis par ses premières expériences. Les premiers mois de sa vie sont donc d'une importance capitale pour son devenir.

La qualité de son énergie sera dépendante de ce qu'il aura perçu jusqu'alors, de manière à ce qu'il se forge ses propres images. Celles-ci sont donc personnelles et chargées d'états émotifs. C'est au cours des douze premiers mois de la vie que la fonction symbolique se met en marche et forme les premières représentations. Lorsque l'enfant est capable de faire appel à ses images, il est alors engagé dans le "cheminement créatif de lui-même".

Au cours des ans, une multitude d'images envahira son espace mental, modifiant ainsi ses premières représentations. Toutefois, celles-ci ne le quitteront pas et resteront enfouies dans son inconscient.

Tout enfant est appelé à faire face à une épreuve de taille. Il s'agit pour lui de devenir un être individué, c'est-à-dire un être capable de fonctionner par lui-même. Ce "devenir" implique une séparation de ce qu'il connaît si bien, une séparation du noyau

Chapitre 1

vital, celui qu'il a formé avec sa mère. Cette entreprise lui réclame beaucoup d'énergie. Ne soyons donc pas supris que, pour mener à bien cette étape majeure de croissance, l'enfant ait besoin de se croire tout-puissant...

Se sentir capable sans avoir nécessairement recours aux puissances tutélaires, voilà qui est nouveau, intéressant mais aussi tellement inquiétant ! Cette étape de l'individuation est peut-être la plus paradoxale qu'il soit donné de vivre à l'être humain. Elle est à la fois douloureuse et enivrante ! C'est le premier jalon vers l'autonomie.

Cette démarche n'étant pas de tout repos, l'enfant a besoin d'avoir confiance en lui et d'être fier de ce qu'il entreprend. Ainsi, grâce à sa fonction créatrice, il parviendra à se dire, à prendre sa place, à entrer en relation avec les autres, à manifester son accord ou son désaccord, enfin, il parviendra à être quelqu'un d'individué.

Tôt ou tard, chacun doit entreprendre son chemin d'autonomie par un travail d'individuation qui le rend responsable de sa propre existence. Ainsi, il devient créateur de sa vie.

Le rôle important de l'adulte

Bien entendu, l'enfant a besoin de l'adulte pour parvenir à se créer lui-même. Il a besoin d'être accueilli, soutenu et entouré. Quand on est occupé à "s'inventer soi-même", on a non seulement besoin de sa propre dynamique créatrice, mais aussi de la chaleur des autres qui vient soutenir notre démarche.

Le désir de croissance du jeune enfant réclame également une voie libre d'expression car c'est en s'exprimant qu'il parvient à se dire et que nous parvenons à le comprendre et à le connaître.

Si les adultes accompagnateurs respectent chez l'enfant cette poussée intérieure du désir de "devenir grand", cette poussée vers le "je" et vers le "je suis capable tout seul", l'enfant se sentira confiant et en sécurité et il ira de l'avant. Il expérimentera et, de ce fait, apprendra.

Au contraire, si sa fonction créatrice est trop souvent confrontée au silence, si elle ne dispose pas d'un terrain propice pour jouer son rôle, elle ne pourra qu'entrer dans l'ombre ou bien se manifestera de façon destructrice.

Lorsqu'un enfant en désir de grandir rencontre trop d'obstacles, si son moi n'arrive pas à prendre son envol parce qu'il est trop couvé par l'adulte responsable, si son moi doit souvent se taire alors qu'il commence à peine à se dire, comment le désir de croissance et le sentiment de puissance pourront-ils se maintenir? Ils s'en trouveront plutôt atrophiés. Etre et se sentir être deviendront alors menaçants pour l'enfant, ce qui le projettera dans un profond désarroi. Et que lui restera-t-il à faire sinon se raccrocher aux images premières, images sécurisantes de la symbiose qu'il ne désirera plus quitter?

En étape d'individuation, ce manque d'accueil de l'adulte envers l'enfant peut aussi susciter une autre réaction: un enfant qui sent ses puissances et que l'on fait taire peut aussi se mettre à la recherche de s'exprimer... quand même. Il s'établit alors dans l'être frustré un faux silence et le désir d'expression ne peut que rebondir dans un ailleurs pas toujours heureux.

«L'individu ne peut rencontrer le monde qu'en agissant. C'est cette rencontre active ou, si l'on préfère, cette rencontre avec l'action que l'on appelle l'expérience.»[9] Tout ce qui relève de l'expérience et de ses composantes nous apprend toujours quelque chose, soit sur nous, soit sur les autres ou encore sur le monde dans lequel nous évoluons; il nous arrive cependant de craindre l'expérience, car elle vient chercher des aspects de nous-mêmes que nous ne connaissons pas très bien. L'inconnu nous rend inquiet ou nous excite, c'est bien connu!

---

[9] Michel Lobrot, Les effets de l'éducation, Paris, Les éditions ESF, 1974, p. 115.

Chapitre 1

Nous savons pourtant que l'expérience est toujours source de connaissance et de vie et qu'elle nous met en mouvement. De ce fait, elle est énergisante. Sachant cela, nous réagirons de manière positive devant le fait que les enfants veulent et aiment expérimenter et qu'ils répètent avec plaisir les expériences aimées, y trouvant toujours quelques aspects nouveaux à explorer. C'est ainsi qu'ils apprennent la vie.

Il arrive pourtant qu'un enfant éprouve une certaine crainte devant toute nouvelle action. En lui, quelque chose freine son appétit de savoir et d'apprendre; il devient timide dans ses expérimentations. Cet enfant risque de rester captif de ses peurs s'il n'a pas auprès de lui des adultes compétents, des adultes qui, tout en accueillant et en respectant ses craintes, lui fourniront des moyens pour les exprimer. Et ces moyens, l'enfant les connaît fort bien puisqu'il les a utilisés lui-même dès sa petite enfance: il s'agit du jeu et des activités de création.

Nous devons revenir aux bases qui ont stimulé son désir de grandir et admettre que, parfois, l'enfant a besoin de se sécuriser par un retour en arrière, vers des connaissances déjà bien en place; il retrouve inscrit en lui le plaisir qu'il éprouvait alors à apprendre. Stimulé par ce savoir bien en place, l'enfant sentira de nouvelles forces et ses peurs seront peu à peu évacuées, laissant à nouveau la place au désir d'expérimenter.

Ainsi, l'intelligence et la conscience de l'enfant s'éveillent peu à peu. Il se voit faire et reconnaît ses capacités de faire. Il apprend qu'il y a différentes façons d'agir et que, nécessairement, il lui faut déployer de l'énergie pour mettre en œuvre ce qu'il désire. Françoise Dolto nous a montré comment être attentif et répondre aux désirs de l'enfant sans toutefois vouloir les combler: les désirs, dit Dolto, l'enfant doit "les parler beaucoup", c'est-à-dire les mettre en mots, ce qui sous-entend bien sûr que nous les écoutions vraiment. De ce fait, nous témoignons à l'enfant qu'il a droit à ses désirs et que nous avons aussi droit aux nôtres!

La fonction créatrice

Les enfants ont besoin de sentir l'affection et l'intérêt des adultes qui les accompagnent. Ce n'est que dans ce climat de confiance qu'ils éprouveront en toute fierté leur désir de puissance et deviendront créateurs de leur vie. En favorisant le plus souvent possible des activités qui font appel à leur créativité, nous les aidons à raffermir leur moi, à explorer et expérimenter de nouveaux champs d'action.

Le sentiment de puissance, réactivé par l'acte de création, les aidera à grandir en confiance, à ne pas se sentir des robots, mais des êtres qui ont une emprise sur leur propre vie.

Chapitre 1

Pour développer leur personnalité, les enfants ont donc besoin de notre regard attentif, de notre approbation ainsi que de notre sagesse.

* **Savoir dire à un enfant: "va, tu es capable de faire"** ou "essaie, tu verras bien ce dont tu es capable", c'est aller dans le sens de leur désir de développement, les faire réfléchir sur leurs actions, les aider à se réapproprier leurs expériences, les amener vers la maturité et aussi éveiller leur conscience.

* **Souligner aux enfants leurs réussites aussi bien que leurs déboires** stimule leur volonté et les amène sur le chemin de l'auto-évaluation: «Tu vois, tu as réussi», ou «tu n'as pas réussi tout à fait, mais une autre fois tu y arriveras.»

* **Savoir inscrire dans le temps la progression des acquis de l'enfant:** «maintenant tu sais courir, avant tu ne savais pas; quand tu seras plus grand, tu pourras courir encore plus loin, encore plus rapidement. Tu vois, tu apprends.» Le beau verbe "apprendre", malheureusement trop souvent utilisé en regard d'efforts et d'obligations, mérite toute sa place et sa gloire dans le pas à pas de nos vies.

* **Témoigner de nos propres apprentissages auprès des enfants**, ne pas craindre de les ennuyer en leur montrant à quel point chaque jour qui passe nous apprend quelque chose. Leur révéler de façon concrète ce qui stimule notre intérêt: la découverte d'un mot nouveau dans notre vocabulaire, l'exploration d'une nouvelle façon de faire une chose, l'expérimentation d'une nouvelle recette, etc..

* **Faire voir à l'enfant qu'il n'est pas seul sur le chemin des apprentissages**: exprimer notre plaisir mais également les difficultés que nous pouvons avoir éprouvées. Il est nécessaire à l'enfant d'être dans un contexte non pas idyllique, mais véridique. Ainsi, il ne se sent pas seul à faire des efforts et à ne pas toujours obtenir le succès désiré.

* **Enfin, témoigner de notre désir constant d'apprendre** est peut-être le meilleur antidote au décrochage de nos enfants!

Processus de maturation de la fonction créatrice

> «Avant deux ans, l'enfant ne possède pas encore la création ; il doit d'abord la déployer devant lui ; il doit en faire sa propre réalité ; il doit découvrir son monde à lui en le voyant, en l'entendant, en le touchant et en le modelant.»[10]

La pulsion créatrice

La progression de l'enfant provient d'une force pulsionnelle : il désire toujours aller d'un stade à un autre. La pulsion[11] créatrice est donc le moteur de la démarche d'individuation.

Nous avons vu que le développement de la fonction créatrice est relié de très près au sentiment de puissance qui envahit l'enfant aux environs de ses dix-huit mois, puissance bien aléatoire à cet âge, mais qui prendra de l'ampleur au fur et à mesure qu'il progressera dans sa recherche d'identité. Tout ce qu'il mettra en œuvre et tout ce qui lui arrivera contribuera à l'acquisition de son moi et à l'intégration de ce moi en route vers l'autonomie et la socialisation.

Acquérir une certaine autonomie réclame de soi un travail d'identité ; alors, une étape très importante s'amorce. A ce sujet Albert Jacquard écrit : «Moi, je ne suis pas comme les autres. Bien sûr, car mon patrimoine génétique, fruit d'une double loterie, est unique ; unique aussi l'aventure que j'ai vécue. Ce que j'ai en commun avec tous les autres est le pouvoir, à partir de ce que j'ai reçu, de participer à ma propre création. Encore faut-il qu'on me laisse faire.»[12]

---

[10] Martin Buber, La création et ses mythes, Paris, David Maclagan, Ed. du Seuil, 1977, p. 8.

[11] Pulsion: Energie fondamentale du sujet, force nécessaire à son fonctionnement, qui s'exerce au plus profond de lui. Grand Dictionnaire de la psychologie, Paris, Ed. Larousse, 1992.

[12] Albert Jacquard, Moi et les autres, Paris, Ed. du Seuil, Coll. Points, 1983, p. 139.

Chapitre 1

En effet, la démarche entreprise par l'enfant réclame aussi bien de lui que de sa mère, la pratique d'un détachement de leur dépendance primaire. Fort de ses nouveaux savoirs sensoriels et moteurs, l'enfant a le sentiment d'exister par lui-même, ce qui le pousse à modifier son rapport de dépendance.

Le "moi", protégé dans la symbiose, se détache peu à peu pour se mettre à la recherche de son unité. L'enfant devra trouver sa place au sein de la famille d'abord, puis dans le monde. Durant cette démarche qui s'étendra plus ou moins sur vingt-quatre mois, toutes ses forces vitales se mettront en œuvre pour satisfaire ce désir du moi de devenir individué.

Les caractéristiques suivantes nous aideront à mieux saisir les comportements de l'enfant en route vers son autonomie.

Vers deux ans : le moi se cherche et s'affirme

Durant cette période qui durera plusieurs mois, l'enfant fera de nombreux allers et retours vers sa mère, à la fois pour retrouver sa sécurité aussi bien que pour raffermir son désir d'autonomie. C'est durant cette période qu'il s'attachera à un objet transitionnel, soit une poupée, ou un chiffon ou encore une peluche, représentant pour lui le lien affectif au vécu de sa toute première enfance et la sécurité qu'il s'apprête à délaisser afin de construire ses propres références. Bien sûr, l'affection des siens n'aura pas pour autant disparu, mais elle ne se présentera plus dans le même contexte.

Si l'enfant reçoit l'assentiment de sa mère et des personnes de son entourage, il sera rassuré et pourra alors canaliser ses puissances vers son projet de grandir. Si, au contraire, l'enfant n'a pas l'aval de sa mère, si elle le retient ou le couve, il sera intérieurement en conflit et l'exprimera de manière perturbante pour son environnement. Son désir de grandir perdra peu à peu de sa puissance et sa confiance en lui sera atteinte. Cette étape de la petite enfance ne vous fait-elle pas penser à l'adolescence?...

C'est donc durant cette étape d'individuation, que s'accomplit l'éveil de la conscience du moi. Cette conscience ne peut cependant pas vivre sans son double, l'autre partie de soi-même, l'inconscient.[13] Chez l'enfant, comme chez l'adulte, conscient et inconscient se confrontent sans cesse. C'est à partir de cette confrontation que la recherche du "qui suis-je ?" prend son envol, question d'où "origine" toute créativité.

Les multiples "non" énoncés à tout venant par l'enfant est l'une des caractéristiques les plus marquantes de cet âge. La plupart du temps, telle une ritournelle, ce "non" arrive spontanément sur ses lèvres. Ces négations, il faut les voir comme étant révélatrices de son profond désir de se dire "oui" à lui-même ! L'enfant se construit en s'affirmant par la négative ! Il arrive par ailleurs, que le "non" soit prononcé de façon ferme et sans aucun désir de négociation. C'est alors une véritable opposition. L'enfant affirme ainsi sa différence, sa nouvelle capacité d'autonomie. C'est l'individu qui se prononce.

Le deux ans et ses colères

L'enfant de cet âge est extrêmement entreprenant. Il devient tout-puissant à ses propres yeux. Il veut tout faire, participer à tout. Parfois il rencontre ses limites. Il vit alors un sentiment d'impuissance qui provoque en lui d'immenses colères. Celles-ci sont souvent déstabilisantes pour les adultes, mais nécessaires à l'enfant qui, à ces moments-là, vit un trop plein émotionnel et ne possède pas encore d'autres moyens pour se libérer.

L'enfant possède en lui un grand désir d'agir et il ne veut pas que ce désir soit contrarié. Or, il ne peut en être autrement : ses désirs ne doivent pas être des ordres pour nous. Alors que faire, sinon des colères ! «Les accès de fureur sont des manifestations compensatoires de puissance qui se développent quand l'enfant prend conscience de sa propre impuissance.»[14]

---

[13] Cet inconscient défini par Jung comme étant "l'Ombre" qui nous suit toute notre vie durant. «L'inconscient possède des racines antérieures à ce que notre conscient a pu maîtriser et il nous échappe, telle ... une ombre !»
C.G. Jung, L'homme à la découverte de son âme, Paris, PBP, 1962, p. 47.

[14] C.G. Jung, Psychologie et éducation, Paris, Buchet Chastel, 1977, p. 100.

Chapitre 1

Puisqu'il ne possède pas encore suffisamment le verbe pour se dire, ou les autres langages libérateurs des sentiments, il se laisse aller à ses colères et croit ainsi se faire comprendre.

Le deux ans et son "moi capable"

Le moi a donc commencé à se manifester; l'enfant, de plus en plus conscient de lui-même, se sent "être" et il cherche intensément à conquérir son individualité. Pour ce faire, il ne veut avoir recours qu'à lui-même et le manifeste clairement. Dès que nous voulons l'aider, le "moi" réagit. On entend: "moi capable" ou, en se prénommant: "Bruno capable!"; ce qui est tout à fait dans l'ordre des choses puisqu'il est constamment sollicité par son désir d'apprendre et d'expérimenter.

Nous voyons que l'enfant n'est pas encore arrivé au "Je". Il y parviendra vers la fin de ses deux ans. Le beau "moi capable" deviendra alors le "Je suis capable ... tout seul!" Au fur et à mesure que l'enfant grandit, il conquiert les mots pour se dire; en l'écoutant parler, nous apprenons où il est arrivé dans son cheminement de maturation en route vers l'autonomie.

Marine - 2 ans

Le deux ans et son besoin d'identification

A cet âge, l'enfant connaît déjà une certaine forme d'appartenance à sa famille sans être encore rassuré sur son identité qui est une capacité de représentation de soi et de l'autre. Elle découle d'un phénomène relationnel, car c'est à travers l'autre que l'on se perçoit. La représentation du Moi passe donc par le social. Représentation, socialisation et identification sont reliées dans la démarche de maturation de l'enfant. Celui-ci, à deux ans, pose ses premiers jalons identitaires. Il travaille ardemment à se connaître ainsi qu'à reconnaître les personnes et le milieu dans lequel il évolue. Sa personnalité sera tributaire de son identification, car elle se développe, elle aussi, dans ce processus interactionnel.

Des stimuli de son environnement et de la richesse de ses expériences qui lui procurent ses connaissances, dépendra la structure interne de ses images et, de là, les références qu'il aura pour stabiliser son identité.

Un moi "identisé" est un moi identifié, capable de se représenter et de représenter les autres, ce qui, dans le processus de maturation, arrive vers trois ans. Cette base de "l'identisation" pose les structures de l'autonomie.

Le deux ans et ses jeux de fiction

La conscience d'être soi passe donc par l'identification. Elle se développe grâce aux rôles joués et à jouer qui sont l'apanage de cet âge. L'enfant de deux ans prend grand plaisir à imiter et répéter ce qu'il perçoit des personnes qu'il côtoie. Ces modèles deviendront de plus en plus influents pour lui. En les imitant, il assimile ce qui se passe, il s'inscrit dans la réalité. Vers la fin de ses deux ans, l'enfant commence à être préoccupé par la limite entre le réel et l'irréel et ses jeux de fiction l'aident à s'ajuster à la réalité. C'est probablement au cours de ces jeux que son sentiment de puissance trouve le plus de contentement car il sent alors qu'il a une emprise sur ce qui l'habite et le questionne.

«Lorsque l'enfant joue, il est dans son plaisir fonctionnel, sans signification symbolique. Il n'en est plus ainsi lorsque, à travers la représentation en acte et l'imitation libérée de son contexte, l'enfant élabore des systèmes de représentation-pensée. La fonc-

Chapitre 1

tion sémiotique engendre alors un système de symboles, et rend possibles les jeux symboliques. Ceux-ci font appel au "faire-semblant", à l'expression de nombreux aspects de la vie courante sous une forme transposée et exagérée, et sont proches par certaines caractéristiques du rêve. {...} Piaget considère que le symbolisme de ces jeux est essentiellement centré sur le moi, non solidaire d'un système de signes socialement imposé, et sans valeur adaptative au réel. Il s'agit d'une activité d'assimilation du réel au moi, contrairement à l'imitation, où prévaut l'accommodation du moi au réel.»[15]

Le deux ans et son langage

Vers la fin de ses deux ans, n'étant plus autant dans son moi, l'enfant commence à s'intéresser à ce que disent et font les autres. Sa fonction motrice est généralement bien en place et son désir de réaliser des choses grandit à vue d'œil.

Son langage verbal s'est grandement amélioré; il possède un bagage suffisant de mots pour faire de courtes phrases. Il n'utilise plus les mêmes stratagèmes de pleurs, cris, gestes, intonations, pour réclamer ce qu'il désire, car il sait à présent se servir des mots qu'il connaît. Les mêmes questions se répètent à l'infini: «Où est-il papa?» ou «Qu'est-ce que tu fais?»... La parole accompagne aussi ses jeux: il dit ce qu'il fait. Il parle et s'écoute parler. Le "moi" a pris racine.

Vers la fin des deux ans, le désir d'autonomie a pris une vigueur nouvelle et la phase de la socialisation est déjà bien amorcée. Celle-ci deviendra l'étape majeure de l'année des trois ans et s'étendra jusqu'aux cinq ans bien sonnés.

---

[15] Co-dirigé par Jean-Adolphe Rondal et Michel Hurtig, Introduction à la psychologie de l'enfant, Paris, Pierre Mardaga éditeur, p. 572.

Trois ans: le "Je" s'impose, s'exprime et se socialise!

Nous pouvons dire que la transition de deux à trois ans passe par la période d'appropriation du "je" dans le langage au lieu du "moi". Lorsque le "moi" de l'enfant se met à la conquête du "je" une bonne partie de la première phase de l'individuation est accomplie. Le "je" affirmatif désirant prendre sa place, fort du sentiment de mener à bien ce qui est entrepris, devient un beau témoignage du désir d'être et de se créer. La fonction créatrice de soi est bien amorcée.

Ce charmant enfant de trois ans étant roi en lui-même, n'accepte pas la contrariété. Il commande, il ordonne et tient à ce qu'on lui obéisse. Comment pourrait-il en être autrement puisqu'il lui faudrait être à la fois celui qui ordonne et celui qui obéit? Difficile apprentissage de soumission quand on n'a que trois ans et que l'on se sent si puissant!

Heureusement, la vive énergie de l'enfant sera canalisée par l'action.

Le jeu deviendra de plus en plus son moyen privilégié d'apprentissage. Il pourra jouer des heures entières et son attention sera mobilisée. Les jeux moteurs et ceux qui font appel à son imagination seront favorisés.

A trois ans, l'enfant est toujours très actif mais il est davantage capable d'orienter ses activités vers la satisfaction de son moi. Il fait des choix et entend bien qu'on les respecte... à moins qu'il ne se laisse solliciter par autre chose car, son appétit étant vif, il veut tout faire, tout savoir, tout connaître.

La compagnie des autres enfants lui plaît mais, au début de ses trois ans, il redoute encore un peu les jeux de groupe. Généralement, il trouve un ou deux enfants qui lui plaisent, avec lesquels il jouera tout en gardant une certaine distance. Il n'a pas encore atteint la certitude qu'il peut partager ou prêter quelque chose et ne rien perdre! Quand il lui arrive de le faire, il prête un

Chapitre 1

jouet avec plaisir mais le reprend quelques minutes plus tard. Sa crainte de perdre quelque chose est très légitime puisqu'il vient à peine de mettre en place son droit à la possession! Plus il avancera en âge, plus vif sera son désir de jouer avec ses amis.

Trois ans: les activités créatrices s'organisent

Chacun des domaines qu'exploite l'enfant devient pour lui un champ d'intérêt, une ouverture sur la connaissance d'où s'accomplissent de multiples apprentissages. Il commence à apaiser les ardeurs de son sentiment de puissance en le canalisant par la créativité: il s'intéresse au dessin; la peinture aux doigts le fascine; dans ses jeux de fiction, il est maintenant capable de mettre en scène soit des poupées, soit des peluches à qui il prête des comportements, transposant ainsi ses désirs et ses frustrations. Il construit et groupe des éléments semblables, il chante avec plaisir, apprend rapidement des comptines, il danse sur toute musique et les marionnettes l'enchantent. La fonction créatrice fait son œuvre.

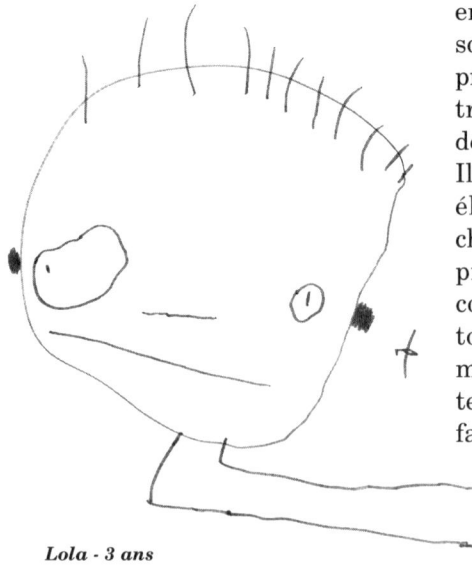

Lola - 3 ans

Trois ans : le début de l'animisme

Pendant cette période, l'enfant considère les choses comme vivantes et leur attribue des capacités de pensée, de connaissance et d'intention : il dit que le vent sait qu'il souffle, que la lune suit le promeneur, etc. Le moi de l'enfant, se prenant pour le centre de l'univers, transpose son sentiment de puissance sur les êtres et les choses ; de plus, il commande à la terre, au ciel et à ses semblables ! Ainsi, il prend sa place.

Pour s'approprier sa réalité, il a bien besoin de son imaginaire. C'est pourquoi il l'utilise à plein feu !

Trois ans : les pourquoi et les comment

La multiplication des expériences augmente la curiosité de l'enfant. Son intelligence s'éveille de plus en plus et sa fonction créatrice a bien besoin d'être nourrie ; il pose de multiples questions qui, presque toujours, débutent par "pourquoi" et "comment ça se fait". Mais les explications le satisfont rarement car, à peine terminées, il redit pourquoi ! Cela signifie tout simplement qu'il adore que nous lui parlions, que nous nous adressions personnellement à lui, que nous reconnaissions sa présence près de nous. Il aime et désire entendre notre voix répéter ses propres mots. Ainsi, il se sent exister et important. Son bonheur est encore bien dépendant.

Ces "pourquoi" répétés parfois en ritournelle sont très souvent orientés vers le fonctionnement des choses car l'enfant est surtout à la recherche de ce qui bouge et du "comment ça fonctionne".

C'est encore une fois la recherche de l'imaginaire et du réel qui le pousse à se questionner : est-ce moi qui fait fonctionner cet objet ou est-ce quelque chose de caché plus puissant que moi ?

Chapitre 1

Trois ans : les jeux de rôles

Nous verrons l'enfant de trois ans mettre en scène des jeux de rôles qui lui permettront de se sentir être à travers de multiples personnages et situations. En imitant tour à tour, père, mère, autre enfant,... il s'approprie aussi bien les sentiments que les actions de ceux qui vivent auprès de lui, qui l'intriguent et le font se questionner. Cette appropriation l'aide à comprendre le monde dans lequel il est en train de créer sa place. Ces jeux de simulation, d'imitation et de mime sont d'une importance capitale pour lui. Ils lui procurent un certain équilibre entre la réalité à laquelle il est confronté et l'imaginaire qui le sollicite sans cesse. Lors de ces activités, il se sent prégnant sur la vie, parce qu'il reproduit des actions concrètes qu'il a vu faire et, qu'en même temps, il peut exercer sa puissance imaginative en transformant ces actions de son plein gré.

Trois ans : le besoin d'adultes

Ce besoin d'indépendance manifesté par l'enfant n'exclut en rien son désir d'être en relation avec les adultes de son entourage. Tout au long de ses trois ans, il sera fier de ce qu'il fait par lui-même et aura besoin que cette fierté soit encore cautionnée par les adultes qui s'occupent de lui : «regarde maman, je suis capable de tourner comme ceci, comme cela, faire des routes dans le sable, mettre ma tête sous l'eau,...» Ces demandes d'attention sous-entendent des : approuve-moi, je grandis ; je sais faire par moi-même, mais j'ai besoin de toi pour continuer ma démarche ; j'ai besoin que tu me laisses faire mes expériences mais surtout, ne t'éloigne pas trop de moi.

C'est à travers toutes ses expériences, ses revers et ses succès que l'enfant apprend. Son désir devient de plus en plus pressant de s'identifier à ses pairs et de "faire comme les autres" car, à présent, il se sent capable "d'être comme les autres". La fin des trois ans marque un détachement notable. Il change de camp, ne se sentant plus aussi fragile, aussi petit... L'enfant sait se montrer grand et prend plaisir à l'être. Il aura bientôt quatre ans.

Il lui restera encore une quatrième année à parcourir pour que cette période d'individuation soit accomplie. Quatre ans!

Quatre ans: Je parle, j'imagine et je socialise

L'année des quatre ans sera sensiblement plus paisible que celle des trois ans. C'est principalement l'année de l'épanouissement du langage. Le vocabulaire s'étoffe et s'utilise de plus en plus à bon escient; les phrases sont mieux construites et l'enfant, fier de son savoir, adore prendre la parole: «Ecoutez-moi, j'ai une histoire!», «écoutez-moi, je parle...!» Abondent alors les courtes histoires, sans logique apparente, mais pleines de poésie et d'enchantement; la découverte des mots maintenant mis à son service, quel plaisir!

Le moi se met en évidence dans les activités qui réclament de l'imagination, celles qui aideront l'enfant à consolider sa conscience d'être unique, d'avoir ses propres fonctionnements, ses propres désirs, bien que, parallèlement, il découvre qu'il est un parmi les autres, que ses pairs ont, eux aussi, une existence semblable à la sienne, des besoins et des réactions qu'il identifie comme étant les siens.

Il commence à faire partie de la grande famille humaine! S'il reconnaît ses droits,

Eloïse - 4 ans

Chapitre 1

il doit aussi apprendre à reconnaître ceux des autres... et ce n'est pas toujours facile. Laisser de la place à l'autre, écouter l'autre,... ce n'est pas si simple! L'enfant de quatre ans développera donc une autre facette de la sociabilité: celle de l'attention consciente aux autres, du partage et du respect tout en gardant ses propres besoins et droits. C'est un travail qui devra se poursuivre durant quelques années encore...

Le "qui suis-je" poursuit sa route, accompagné maintenant d'une autre question: "qui sont les autres?". Peu à peu, l'enfant construit sa définition de lui-même qui se fera, tel un miroir, à travers l'autre. L'indépendance bien relative qui était jusqu'alors la sienne, sera temporairement mise en retrait; le désir d'être aimé des autres et de partager avec eux la remplacera.

Vers la fin de ses quatre ans, l'acceptation de la vie de groupe bat son plein, l'imagination s'épanouit, les propositions de jeux fusent, les apprentissages se font comme par magie tant l'intérêt d'apprendre est vif et la curiosité jamais satisfaite.

L'enfant est alors bien engagé dans sa démarche de création de lui-même. Il va tout droit vers l'apogée de sa petite enfance, l'âge d'or de la créativité en plein épanouissement, l'année de ses cinq ans.

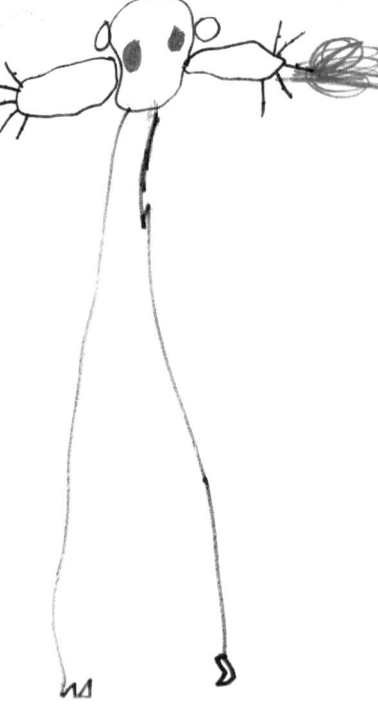

Norma - 4 ans et demi

Cinq ans: Je sais, je connais et je m'exprime

Au cours de la cinquième année de l'enfance, lorsque le "je" a pris racine et que l'étape de la socialisation est bien amorcée, l'expression intentionnelle fait son apparition. L'enfant est conscient de savoir des choses qu'il désire exprimer; son intérêt est alors tourné vers les activités qui mettront en valeur son moi et des apprentissages qui l'aideront à savoir se dire.

L'enfant de cinq ans sait faire... ou croit savoir faire! Il est satisfait de lui-même. Il explore ses nouveaux savoirs de nombreuses manières et témoigne de son plaisir d'être créateur et auteur de ses actions. Bien qu'il apprécie de montrer aux autres ses savoir-faire, il produit surtout pour son propre plaisir et offre souvent ses créations à ceux qu'il aime. A cet âge, l'enfant n'est pas encore conscient du fait que ses productions créatrices sont une communication de lui-même: il aime agir et il se fait plaisir.

Marie-Andrée - 5 ans

Chapitre 1

Marie-Claude - 5 ans «*C'est Louise!*»

Devenir un être de langage

Ce cheminement de l'enfant - de sa deuxième jusqu'à sa cinquième année - que nous venons de parcourir, met en évidence un fait certain : tout ce que l'enfant accomplit le révèle à lui-même et le met au monde. Ainsi s'inscrit peu à peu en lui la connaissance de qui il est et de ce qu'il recherche chez les autres et dans l'univers. Cette recherche ne peut se passer du dynamisme de la fonction créatrice qui soutient l'enfant et l'amène à l'expression de lui-même et à la communication avec les autres.

Ce n'est que vers la fin de ses cinq ans que l'enfant commence de façon consciente à ressentir le besoin de partager ce qu'il pense et ce qu'il fait. Il n'est pas encore tellement à l'écoute de l'autre, mais il s'y achemine. Puis viendra le jour où cette expression intentionnelle sollicitera l'enfant vers l'expression-communication ; il aura alors atteint ses sept ans.

Notre rôle dans cette démarche

A nous, éducateurs, il est demandé de suivre l'enfant au fur et à mesure que se déroulent ces années fort précieuses et de l'accompagner en favorisant cette démarche créatrice de lui-même. Nous devons donc lui offrir les moyens de s'approprier chacun des langages et lui en favoriser les apprentissages par des pratiques significatives...

Le jeu comprenant l'exploration devrait avoir priorité sur tous les autres moyens, car il garde l'intérêt en éveil et mène à la découverte ! Par le jeu, l'enfant reste dans les limites de ses capacités et du cheminement propre à son âge et à son développement ; grâce à nos soins attentifs, les apprentissages seront conscientisés par l'enfant et réinvestis dans ses actions ultérieures.

Par les voies des langages, qu'ils soient verbal, sonore, plastique, dramatique ou gestuel, c'est le moi qui s'exprime et ce moi est sensible, émotif et personnel ! Si l'enfant est reçu, entendu et

Chapitre 1

compris par l'adulte, il en éprouvera une grande satisfaction: ses créations, plus nombreuses et plus riches, seront alors l'expression de ce qu'il est et de ce qu'il sait. Si, au contraire, on sollicite constamment l'enfant à produire "autrement" que ce qu'il fait spontanément, si on lui demande de toujours mieux dire et mieux faire ou de copier des modèles réels plutôt que de suivre sa belle imagination, il se sentira alors insécurisé, manquera de confiance en lui et aura le sentiment d'être incompétent.

Ces demandes ne sont pas toujours explicites, mais elles existent cependant et l'enfant n'en est pas dupe!

Or, comment pourrait-il satisfaire le désir de l'adulte?... Les capacités de son moi ne sont pas encore là où on lui demande d'être! Afin de ne plus s'exposer aux efforts multipliés et aux critiques, l'enfant délaissera alors les activités de création, justement celles qui lui permettaient d'être et de se voir faire! Ainsi privé de son bel élan créateur, l'enfant perdra son plaisir inné à produire et à exprimer "qui il est" à travers ses productions.

Heureusement, il n'en est pas toujours ainsi! Bien des éducateurs savent que l'expression libre et libérée ne peut atteindre d'apogée dans la solitude de l'action; pour se dire, l'enfant a besoin non seulement du regard de l'adulte mais aussi de sollicitude et de soutien. La relation que l'enfant établit avec son éducateur (enseignant) est donc d'une importance capitale.

Les activités de création révèlent et consacrent l'importance de la relation enfant-adulte.

Créer, nous l'avons vu, vient chercher les forces sensibles de l'être: émotions et sentiments sont au rendez-vous de la création. Celle-ci met temporairement en déséquilibre la raison de faire et le faire émotionnel. L'enfant doit donc se sentir accueilli dans ce qu'il entreprend et confiant du respect qu'on lui porte. C'est à ces conditions que l'expression de soi peut cheminer. C'est dans le respect et l'affection que les cœurs se disent!

La fonction créatrice

Nous avons été ce bel enfant créateur. Qu'est-il advenu de notre fonction créatrice si présente dans notre enfance et si précieuse à notre développement?

Sophie - 5 ans

Chapitre 2.

L'art d'éduquer ...

> «Eduquer, c'est susciter l'intelligence, les forces créatives d'un enfant tout en lui donnant ses propres limites pour qu'il se sente libre de penser, de sentir et de juger autrement que nous-mêmes, tout en nous aimant.»[1]

Parents, éducateurs ou enseignants, qui que ce soit ayant eu responsabilité d'enfants, ne peut nier le fait que l'éducation relève du domaine de l'art; elle en a toutes les exigences! L'art, nous dit Herbert Read, est la recherche du beau, de l'harmonie ... Aider les êtres à se façonner en beauté et harmonieusement n'est-il pas le but de l'éducation? Chez les Grecs, le mot PEDAGOGUE veut dire éveilleur d'âme, révélateur de conscience, créateur de beauté... ce qui, encore une fois, nous rapproche de l'art! Le mot âme, évoqué plusieurs fois dans ces pages, prend le sens que lui a donné Thomas Moore: «L'âme n'est pas une chose; c'est une qualité ou une dimension de l'expérience de la vie et du moi. Elle

---

[1] Françoise Dolto, <u>Les étapes majeures de l'enfance</u>, Paris, Ed. Gallimard, 1994, p. II.

s'adresse à la profondeur, à la valeur, à l'interrelation, au cœur et à l'essence individuelle. Je ne considère pas le mot comme objet de croyance religieuse ou facteur d'immortalité. Quand nous disons de quelqu'un qu'il a l'âme généreuse ou d'une chose qu'elle a de l'âme, nous savons ce que nous voulons dire même si nous avons du mal à préciser le sens de notre propos.»[2]

L'action éducative réclame de la réflexion, de l'intelligence de l'esprit et du cœur, du savoir-être, du savoir-faire et une constante attention. Celui qui accepte d'endosser ce rôle d'éducateur doit savoir qu'il est indispensable d'être constamment en recherche afin de maintenir éveillé l'intérêt de l'enfant. Trouver, inventer, imaginer de nouveaux moyens, renouveler ses fonctionnements et faire face à plusieurs demandes tout en gardant le cap sur les valeurs éducatives qu'il veut poursuivre, voilà qui exige une fonction créatrice solide, en place, bien vivante.

Etre éducateur, c'est donc être soi-même en mouvement et accepter le mouvement de ceux que l'on éduque. On peut dire tout simplement: éduquer, c'est tout un art!

Les enfants, nous l'avons vu, sont des êtres créateurs. En grandissant, ils ont besoin des adultes pour les aider à maintenir libre et fluide leur esprit de recherche, d'exploration et d'invention. Ils ont également besoin de retrouver au cours de leurs apprentissages, et ce, en quelque domaine que ce soit, un fonctionnement qui continue de stimuler leur fonction créatrice et les amène de façon sensible vers de nouvelles connaissances.

J'assistais un jour à une activité vécue par un groupe d'enfants de cinq ans. Deux enseignantes les accompagnaient. On avait commencé à dessiner pour eux au tableau la tête d'un vampire, celui d'un fantôme et d'un squelette. Les enfants qui le désiraient étaient appelés à compléter ces dessins... et tous le désiraient! Or le "squelette" prenait tout simplement la forme d'un personnage comme un autre. Il était habillé.

---

[2] Thomas Moore, Le soin de l'âme, Montréal, Ed. Flammarion, 1994, p.5.

> Une enseignante tentait d'expliquer que l'on retrouvait chez les poulets des os qui faisaient partie du squelette. «Vous avez déjà vu ces petits os que vous aimez grignoter?» puis elle enchaîne avec l'arête d'un poisson et finit par dire que les personnes aussi ont un squelette. Les enfants écoutent... Assise un peu en retrait, je voyais tous ces petits dos aux omoplates saillantes et la tentation d'intervenir en caressant ces dos me tenaillait. Faire prendre conscience aux enfants de leur propre squelette au moyen du toucher me semblait pénétrer dans la connaissance sensible des apprentissages... Les os de la mâchoire, des doigts, des jambes auraient pu être touchés aussi bien par soi-même que par les autres... et la curiosité, l'intérêt et le désir d'en savoir davantage sur le squelette se seraient éveillés.

Plus tard, en parlant avec l'enseignante qui semblait comprendre mon point de vue, je l'entends me répliquer que cette activité n'était pas une leçon... Alors là, j'avoue que j'étais sans voix! Je ne comprenais pas cette division. D'une part des leçons, d'autre part des activités ludiques, pour le plaisir?.... Toute activité n'est-elle pas une ouverture vers la connaissance?... Le jeu peut être aussi instructif si, tout en s'amusant, on sait éduquer et parfois même enseigner quelques notions...

Afin que les enfants gardent une fonction créatrice libre et fluide, il nous faut leur présenter des activités sur lesquelles ils auront un certain pouvoir...

Le plaisir d'accéder à la connaissance

Aider les enfants à développer leur créativité, c'est provoquer et soutenir leur esprit de recherche, de découverte, d'exploration et d'invention. Ces attitudes ne se développent pas uniquement dans le domaine des activités artistiques bien qu'elles y soient privilégiées. Elles peuvent s'affirmer et prendre leur envol dans

Chapitre 2

tous les domaines d'apprentissage : que ce soit en français, en maths, en géographie, en histoire ou même en grammaire, il y a moyen d'amener les enfants à faire appel à leur imagination active, à leur esprit créatif. Agir ainsi, c'est les aider à s'approprier le savoir, à leur manière, à partir de leur propre intelligence. C'est aussi garantir l'avenir d'un intérêt fort pour la connaissance, car la fierté d'apprendre et la confiance en soi demeurent, tout au long de la vie, deux nécessités fondamentales. Fierté et confiance entretiennent l'intérêt.

Il est évident que pour arriver à un tel fonctionnement, l'éducateur-enseignant doit faire appel à sa propre fonction créatrice. Si son propre fonctionnement est trop linéaire, s'il lui arrive trop rarement de sortir des normes qui l'empêchent de prendre des risques, il ne pourra alimenter le désir de l'enfant de rester créateur. Il lui montrera plutôt le chemin du renoncement à ce qui, pourtant, rend l'être humain libre, conscient, en possession de "ses puissances", heureux et capable d'inventer et de réinventer sa propre vie.

L'expression créatrice de soi

> «*Nous pouvons parler d'expression créatrice lorsqu'il y a recherche d'un langage personnel, conscient, dégagé de contraintes qui amène l'enfant à se connaître, s'explorer, développer son moi, organiser ses actions.*»[3]

Si nous adhérons aux objectifs que nous venons de lire, notre attitude lors des activités qui font appel au domaine de l'art, ne sera pas axée sur l'enseignement de l'art mais elle sera orientée vers l'éducation par l'art. Nous serons alors loin du jugement esthétique sur les productions !

Dans leurs fondements respectifs, les différents secteurs des arts sont interreliés. Chacun fait appel aux mêmes forces de

---

[3] Alain Beaudot, Vers une pédagogie de la créativité, Paris. Ed. ESF, 1976, p. 35.

l'être. Que ce soit en musique, en danse, en poésie, en langage plastique ou autres, la réalisation d'une création comprend la recherche de "qui l'on est" en prenant appui sur ses images. C'est le mouvement personnel du créateur qui, en premier lieu, est important pour que l'œuvre soit. Le chef-d'œuvre et l'esthétique viennent beaucoup plus tard.

Se dire, apprendre à le faire, être accepté dans ce que l'on dit et ce que l'on fait, voilà un bon départ d'expression de soi, vers une œuvre représentative de ce que l'on est.

Les activités de création favorisent l'identification du moi

Se focaliser sur l'expression des enfants lors des activités de création ne veut pas dire mettre de côté les apprentissages qu'ils doivent faire durant ces activités. C'est plutôt orienter notre vision sur ce qui peut faire rencontrer les véritables intérêts des enfants qui nous préoccupent, les trois à huit ans.

L'intérêt majeur de l'enfant de ces âges est la rencontre de son moi. Celui-ci est en train de se construire et il a besoin d'être au centre de chacune des activités. Si son moi se retrouve dans ce qu'il met en œuvre, l'enfant sera intéressé par tout ce qui peut le rendre encore plus présent. A titre d'exemple, si un enfant aime danser, s'il est encouragé à le faire, il dansera et acceptera d'apprendre à progresser. Il obtiendra ainsi une plus grande satisfaction dans ce qu'il aime.

C'est l'identification du moi à la chose faite qui amène l'enfant au désir d'aller plus loin.

Elisabeth - 6 ans

Chapitre 2

Enseigner quelques techniques

Les enfants ont vite fait d'apprendre les rudiments de chacun des langages artistiques lorsque, bien sûr, ces rudiments sont présentés à leur niveau et dans des conditions de jeu et de plaisir. L'apprentissage de techniques élémentaires, d'un "certain savoir s'y prendre" doit être abordé sans pour autant porter ombrage au plaisir d'expression.

L'enfant arrivera à intégrer et à réinvestir ce qu'il a appris si on l'aide à le faire. Chaque éducateur stimulera donc les apprentissages en soulignant à l'enfant qu'il a réussi telle chose, parce qu'il a appris à manipuler un outil et que sa création est représentative de lui-même "dans" son savoir-faire. L'enfant qui arrive à se reconnaître dans ce qu'il met en œuvre, acquiert de la fierté et de la confiance en lui.

Ainsi, petit à petit, l'enfant prend conscience qu'il peut réinvestir ses savoirs et être de plus en plus satisfait de lui-même.

L'intérêt du moi

Nous sommes des éducateurs d'enfants de trois à huit ans; nous sommes donc à la base du développement de leur intérêt. Celui-ci ne cesse d'être et de grandir si l'enfant éprouve du plaisir à se dire et à se retrouver dans ce qu'il fait. Y a-t-il en éducation une base plus précieuse? A ces âges, nous le savons, c'est l'intérêt du moi qui prime, alors pourquoi ne pas tout tenter pour que les enfants, au cours de leur production et dans leur résultat final, soient capables de retrouver leur moi et de reconnaître leurs propres capacités de faire? Vraiment, nous éduquons par l'art quand nous choisissons d'agir ainsi.

Voilà qui nous éloigne beaucoup des activités qui mettent des stéréotypes et des clichés en valeur. A mon avis, ils devraient être définitivement mis au rancart, exclus de notre pensée, de telle sorte que l'enfant ne soit pas influencé et perde sa belle spontanéité de voir et de faire selon son cœur et ses aptitudes en développement. Il doit être tributaire de sa propre capacité d'expression et non pas tributaire de l'expression des autres !

Veiller constamment à ce que l'enfant s'identifie à ce qu'il fait, c'est poser les véritables bases de l'appropriation de chacun des savoirs.

Des valeurs à intégrer

Voici des valeurs essentielles que nous voulons voir intégrer par l'enfant pour la suite de ses apprentissages, que ce soit en art ou en d'autres domaines qui réclament son intérêt et son intelligence.

Souhaitons que nous puissions lui léguer ces valeurs.

Il s'agit pour l'enfant :

* de désirer savoir et connaître, donc d'avoir un intérêt au départ et de garder cet intérêt éveillé ;
* de s'habiliter à exprimer son moi et les désirs de ce moi, et ce dans tous les domaines dont celui de l'art qui favorise particulièrement l'expression ;
* d'être capable d'utiliser des moyens de se dire, des moyens qui relèvent des langages d'expression ;
* de devenir une personne qui accepte d'explorer et de procéder sans toujours attendre un résultat immédiat ;
* de savoir intégrer ses acquis et d'apprendre à les réinvestir dans n'importe quel domaine.

Chapitre 2

A la lecture de ces valeurs que nous voulons leur voir acquérir, nous nous rendons compte de l'importance du rôle qui nous est dévolu. Certes, les enfants apprennent, mais avec nous, sous notre regard et notre stimulation. Nous sommes essentiels à leur développement aussi bien physique que psychique, intellectuel et même spirituel. Soyons-en persuadés. Nous pourrons ainsi prendre véritablement la place qui est la nôtre parce que nous serons profondément convaincus que ce que nous sommes et ce que nous mettons en œuvre les influencent.

Faire confiance, accueillir, respecter

Toute action vécue dans la confiance, sous le regard de quelqu'un qui accueille, qui commente avec respect ce qui a été produit et tente de comprendre ce que l'autre a voulu dire et faire, devient une action porteuse d'une valeur éducative.

L'enfant doit mettre du temps, de l'énergie et une bonne dose d'intérêt pour traverser les étapes que réclame l'appropriation du savoir se dire et du comment le faire. Nous avons vu qu'il fallait soutenir son intérêt, mais nous avons aussi à provoquer son imagination créatrice.

L'enfant a besoin de vivre et de multiplier ses ateliers d'exploration pour que ses recherches, ses essais, ses erreurs, ses tâtonnements, ses succès et même ses déboires lui apprennent comment s'inscrire dans la vie. Somme toute, ce que l'enfant désire au plus profond de lui-même, c'est de retrouver "son moi", sa touche personnelle dans ce qu'il fait et c'est en cela que l'action de faire devient constructive pour lui. Il reste cependant que ce moi doit s'ouvrir aux autres. Le chemin de la socialisation s'ouvre mieux quand une belle confiance en soi est en place.

L'enfant à la recherche de langages

*«Tout ce qui sert à manifester au dehors
notre intériorité porte nom langage»[4]*

Le mot langage n'est pas réduit ici aux signes vocaux, aux codes de la langue maternelle. Il recouvre chacune des modalités d'action qui mènent vers une transmission de ce qui est vécu à l'intérieur de soi. C'est bien en cela que nous pouvons lui accoler le mot expression.

En lui-même, le terme langage sous-entend non seulement expression mais aussi communication. «S'exprimer, c'est avant tout se dévoiler, se faire transparent aux yeux des autres, ce que toutes les situations ne permettent pas, ce qui reste pourtant la condition première de toute construction de soi au contact des autres.»[5] Et avant tout, l'humain n'est-il pas un être social et de communication?

Pendant plusieurs années, en majeure partie vécues par l'enfant dans le milieu scolaire, l'évolution de son expression "artistique" se fera à travers des activités de création qui lui seront offertes. Si le mot artistique a été mis ici entre guillemets, qualifiant ces activités, c'est qu'il doit être utilisé avec des bémols. Bien sûr, l'enfant prend les voies de l'art pour s'exprimer, mais il n'est pas pour autant parvenu au statut d'artiste. «L'art est bien un langage, si par là on entend qu'il est une recherche de sens... Langage qui n'est pas constitué de signes conventionnels, mais de symboles qui ont été longuement cherchés par le créateur...»[6] Il faudra donc à l'enfant une longue pratique et un mûrissement certain pour parvenir à l'art tel que conçu par les artistes consacrés. L'art a des exigences que l'enfant ne peut encore rencontrer.

L'enfant est cependant relié au créateur d'art par la démarche similaire que l'un et l'autre doivent entreprendre pour parvenir à l'expression d'eux-mêmes, mais l'un a la vocation de l'art, il est à la recherche de l'esthétique, de la beauté et de l'expression d'une culture, tandis que l'autre est tout simplement celui qui, sentant

---

[4] Frédérick Schlegel, cité par Philippe Gutton, <u>Le jeu chez l'enfant</u>, Paris, Editions Sociales Françaises, 1968, p. 119.
[5] Robert Gloton et Claude Clero, <u>L'activité créatrice chez l'enfant</u>, Paris, Ed. Casterman E3, 1971 (5e édition) p. 49.
[6] Philippe Malrieux, <u>La construction de l'imaginaire</u>, Paris, Ed. Charles Dessart, 1967, p. 94.

des forces de création en lui, les utilise spontanément pour grandir, s'approprier son moi, s'approprier son espace et le monde dans lequel il évolue. C'est de cette façon que l'enfant se met à la recherche de langages, comme l'artiste le fait, mais dans une optique différente.

L'art de l'enfant

> «L'art de l'enfant est l'expression directe de l'état d'enfance, il en est étroitement solidaire.»[7]

L'enfant est au départ de son exploration: il doit chercher, tâtonner, produire et encore produire pour arriver à ressentir de l'intérieur l'évolution de sa démarche créatrice. Il lui faut du temps pour que sa pensée se développe, arrive à se dire et à bien se dire et, jusqu'à un certain point, parvienne de façon consciente à la communication.

Faire aimer l'art, c'est peut-être donner toutes ces possibilités aux enfants que nous aimons. Evidemment, si l'enfant persévère plusieurs années dans la voie de l'un ou l'autre des domaines artistiques, il deviendra un adulte à la recherche de sa véritable expression qu'il désirera communiquer par son art. Il sera aussi tel que l'art peut l'exiger, à la recherche de l'esthétique, de la beauté.

«Si l'enfant est souvent artiste, il n'est pas un artiste. Car son talent le possède et lui ne le possède pas... La séduction des œuvres d'enfants est vive parce que, dans les meilleures d'entre elles comme dans l'art, le monde perd son poids.»[8]

---

[7] Robert Gloton, L'art à l'école, Paris, PUF, 1971, p. 48.

[8] A. Malraux, cité par Robert Gloton, Claude Cléro, L'activité créatrice chez l'enfant, Paris, Ed. Casterman, E3, 5e édition, 1971, p. 47.

Fanny - 5 ans

Le processus et le résultat

Un but pédagogique et éducationnel fait encore mieux comprendre la mise au point précédente. En baptisant d'artistiques les activités de création des enfants, nous ne pouvons qu'orienter notre désir, et le leur, vers l'obtention d'un résultat soit disant artistique ! Et de ce fait, nous oublions que ce qui compte réellement, c'est l'implication de l'enfant au fur et à mesure qu'il explore, invente et parfois parvient à une création. En général, nous sommes beaucoup trop axés sur le résultat et nous en oublions la démarche de l'enfant. Le résultat n'est qu'une étape du processus. Si l'enfant n'obtient pas de résultat tel qu'attendu par nous et nécessairement par lui, il se juge incapable, inadéquat et il perd confiance en ses capacités de faire. Le désintéressement s'installe.[9]

---

[9] Philippe Meirieu recommande de s'attacher plus particulièrement à deux couples de variables qu'il a nommé le "couple/produit", ce que fait l'enfant durant son action et "le couple sujet/objet", la réflexion de l'enfant sur son action.

Chapitre 2

L'action éducative et pédagogique s'inscrit tout au long du parcours opérationnel. C'est durant ce parcours que les apprentissages prennent racine et servent peu à peu à l'élaboration d'une œuvre. En évaluant avec l'enfant, au fur et à mesure qu'il fait son travail, nous lui apportons de l'aide et un éclairage sur ses façons de procéder. Il sera ainsi capable de s'auto-évaluer et, conscient de ses capacités de faire, conscient de ses progrès, il ne donnera pas toute son attention à son résultat mais évaluera celui-ci en rapport avec le comment et le pourquoi il a procédé de telle ou telle façon.

Soyons cependant réalistes, ni lui, ni nous ne pouvons être totalement détachés du résultat, c'est bien évident ! Mais si notre attitude témoigne d'un vif intérêt pour la démarche de l'enfant, démarche que très souvent il entreprend avec ardeur, il ne sentira plus peser sur lui nos attentes et pourra procéder en toute confiance. Plus tard, muni de cette confiance en lui-même et ayant pris plaisir à se dire, il y aura peut-être naissance d'un artiste... Qu'en savons-nous ?

Notre objectif n'est donc pas de faire des artistes, mais de donner aux enfants toutes les possibilités de découvrir ce qui les amène à la connaissance d'eux-mêmes, des autres et de leur environnement. Nous aurons ainsi contribué à faire de futurs adultes qui ne craindront pas d'utiliser les moyens qu'ils ont connus dans leur enfance pour s'exprimer et entrer en communication avec les autres.

L'Art d'éduquer

Voici quelques apprentissages qui sont favorisés par la pratique d'activités du domaine de l'art :

apprendre à VOIR
les yeux ouverts sur soi et sur le monde

apprendre à SENTIR
éveiller les sensations

apprendre à PERCEVOIR
ce qui n'est pas nécessairement visible à l'œil nu

apprendre à REAGIR
sur ses propres actions et sur celles posées par les autres

apprendre à REINVESTIR
ses propres apprentissages

apprendre à RECONNAITRE
ce qui fait nos propres intérêts

apprendre à APPRECIER
tout ce qui est et fait la vie

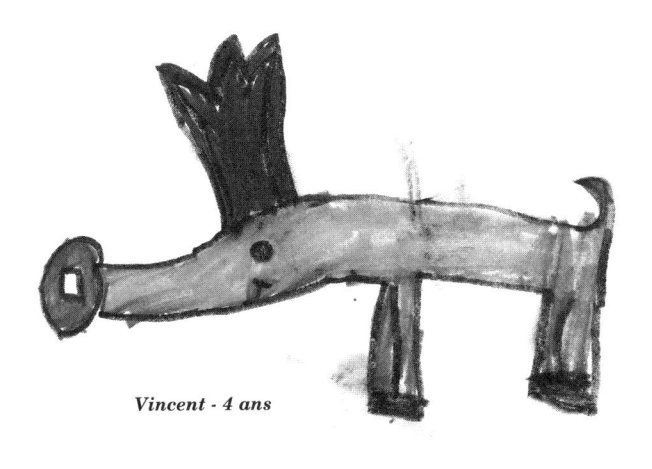

Vincent - 4 ans

Chapitre

3.

L'image

Nous sommes dans un monde d'images ; un monde d'images vit en nous.

Dans ce contexte de la créativité, c'est au monde d'images qui nous sont personnelles qu'il faut d'abord nous arrêter, car elles tiennent une place fondamentale dans l'action créatrice.

Nos images intérieures, celles qui sont issues de nos perceptions de la vie, des êtres et des choses sont au départ de toutes nos créations ; l'action créatrice se chargera de les exprimer, de les transformer et de les modifier selon les expériences vécues.

Il sera donc question, dans un premier temps, des images qui nous habitent pour aborder ensuite brièvement les images venues d'ailleurs, celles qui, en quelque sorte, nous sont imposées : images affichées, images télévisuelles, reproductions, illustrations, etc.

Toutes ces images ont une influence certaine. Elles dégagent plus ou moins de perceptions en nous : parfois, elles alimentent notre monde affectif ; parfois, elles le troublent et le détruisent. Il faut donc savoir choisir ce que l'on offre à voir et à entendre aux enfants, car le sonore construit aussi des images !...

Chapitre 3

Les images qui nous habitent

L'image est l'aventure de la perception

L'image créée est la représentation des forces vives de l'être et de ses différents états d'âme. Elle n'est pas reproduction d'une image mentale, mais représentation d'une aventure personnelle intérieure. Percevoir ses images, c'est aller au-delà du voir, c'est entrer dans une zone sensible de notre monde intérieur où se sont accumulés les percepts. Notre vision personnelle de nous-même, de la vie, des êtres et des choses, s'est formée et se forme encore quotidiennement grâce à nos expériences: les représentations intérieures ne sont donc pas statiques, elles évoluent sans cesse. Notre intelligence guide tout ce travail des perceptions et les regroupe en représentations.

Pour accéder à la création, il faut avoir accès à ses propres images et les faire émerger du monde émotionnel et affectif dans lequel elles ont pris racine. **Créer, c'est donc "faire son image" et l'inscrire dans le réel.**

"Faire son image" signifie exprimer dans un langage ou dans un autre sa vision personnelle des choses, ce qui réclame d'aller à la recherche de ses visions intérieures pour ensuite les inscrire dans la réalité. Cette inscription dans le réel devient expression créatrice de soi. S'exprimer créativement, c'est donc extérioriser les images qui sont nôtres. Voilà pourquoi il est dit que l'image créée est une aventure de la perception.

Aller à la recherche de ses images

> «L'exercice de l'image est probablement l'une des meilleures voies. Il consiste à laisser longuement se faire, se fantasmer ces fonds de nous-mêmes.»[1]

Visualiser mentalement à partir d'un mot ...

Lors de mes cours, je propose aux participants l'exercice suivant qui leur fera comprendre plus clairement cette mécanique de "la vision intérieure"...

J'annonce qu'à partir d'un mot que je prononcerai, ils réaliseront un travail mental et psychique de visualisation. Ce mot connu de tous "fait nécessairement image". Je leur demande de fermer les yeux et je prononce le mot "fleur".

Après une petite minute, j'invite ceux et celles qui le désirent à dire comment ils ont mentalement perçu ce mot. Nous constatons alors que chacun possède sa fleur ou... ses fleurs. Et si parfois deux personnes font le même choix – une rose ou des roses – la perception n'en est jamais tout à fait la même : champs de fleurs, bouquets, fleurs séchées ou en papier...

L'important dans ce jeu, c'est de réaliser que sa vision intérieure est vraiment personnelle et qu'elle prend toujours sa source dans les expériences vécues. Elle est donc difficilement transférable.

Nous constatons aussi, au cours de cet exercice, que chaque image est teintée de sentiments : «J'ai vu le bouquet de mon mariage», «C'est la fleur que l'on m'a offerte à mon anniversaire», «C'est la fleur que je préfère voir pousser dans mon jardin», etc. Nos images sont effectivement le produit de notre monde sensible et affectif. Avoir

---

[1] Elie G. Humbert, <u>La dimension d'aimer</u>, Paris, Cahier Jungiens de psychanalyse, 1994, p.7.

Chapitre 3

accès à ses images, c'est en prendre conscience et constater de quel bagage elles sont tributaires. Nos images sont bien le résultat de nos perceptions.

Dans un deuxième temps, j'invite les participants à revenir sur leur vision première pour essayer de saisir les sensations dont elle était porteuse. Comment était la fleur dans le jardin? Avait-elle un parfum particulier? Etait-elle bercée par le vent? Un vent doux, chaud, ou suffisamment fort pour malmener ses pétales? Et quelle était sa teinte dominante? Baignait-elle dans une lumière particulière? Quelle était l'heure du jour?... Quelle allure avait la fleur dans son vase? Etait-elle bien droite ou penchée dans un doux abandon? Le bouquet de mariage, quelles sont les fleurs qui le composaient? Y avait-il une symbolique qui se rattachait à ce choix? Forme, couleurs, parfum,...

Et le silence prend place, chacun entre dans sa rêverie. L'imagination se met à l'œuvre, l'image première se transforme et se fait nôtre davantage. C'est un moment précieux de rencontre avec soi.

Chacun témoigne ensuite de ce qu'il a perçu: fleurs sous le soleil, la pluie, dans l'ombre, dans une douce lumière, au bord d'un ruisseau,... constatant ainsi avec grand plaisir sa capacité d'imaginer.

J'avoue être émerveillée par l'imagination dont les participants font preuve. Elle n'est donc pas si lointaine, cette imagination! Elle a seulement besoin de stimulation et d'exercices qui doivent être accompagnés d'attitudes sécurisantes de la part de l'animateur: le non jugement, la stimulation de la confiance personnelle, l'accueil et le respect des émotions lorsqu'elles font surface.

A la fin de l'exercice, je lance un piège : «Et à présent, si je vous demandais de dessiner cette fleur, ces fleurs que vous avez imaginées, aimeriez-vous le faire ?» La plupart des participants sursautent... Il semble qu'ils seraient bien embarrassés ! Ensemble, nous rions alors de nos peurs tout en avouant que nous faisons souvent ce genre de demandes aux enfants.

De l'image rêvée à l'acte créateur

Arrêtons-nous quelques moments au mot "jungle" et laissons monter les images...

Permettez-vous de donner à ce mot l'espace de rêverie qu'il suscite. En vous, de multiples visions se bousculent. Sans doute, pénétrez-vous des lieux sombres, parfois inquiétants, mais riches en mystères. Peut-être même éprouvez-vous quelques sentiments qui vous amènent plus près encore de vos images intimes.

Si je vous demandais à présent de reproduire ce que vous voyez dans votre tête, vous seriez probablement bien perplexes. Non seulement, il vous faudrait recourir à des habiletés techniques, mais aussi, retenir l'image perçue et la garder tout le temps de la durée de votre création, ce qui n'est pas évident non plus !

Cette image laisse cependant derrière elle quelques parfums... C'est justement l'essence de ces parfums qu'il faut apprendre à reconnaître, à saisir et à exprimer. Il n'y a que cette voie pour nous amener à une expression sensible et personnelle.

Il n'est pas nécessaire d'être un artiste pour "faire son image" et trouver son plaisir à la créer : la danser, la peindre, la dessiner, la chanter, la modeler ou l'énoncer de façon poétique et la réciter dans le vent. Il s'agit tout simplement d'être soi-même, tout près de son cœur.

Chapitre 3

L'image ou l'idée ?

> «Une idée n'est pas autre chose qu'un événement extérieur, égal à tous les autres événements extérieurs et du premier degré comme eux. Faire apparaître des lapins, ou cracher du feu, ou scier une femme en deux.»[2]

Combien de fois n'ai-je pas entendu des adultes demander aux enfants: «quelle est ton idée? Tu as bien une idée... Réalise-la.»

Je crois qu'il est nocif d'introduire le mot "idée" pour déclencher une création. A ce mot, j'ai toujours préféré celui d'image. L'image porte en elle-même un monde mouvant de sensations et de perceptions, alors que l'idée me semble plus sèche, moins attrayante, et n'est, comme le dit Vadeboncoeur, qu'un événement extérieur.

Lorsqu'on demande aux enfants «quelle est ton idée?», nous les amenons sur une piste dangereuse. Ils peuvent justement ne pas avoir d'idée. Cette question risque de les renvoyer à un vide et à l'angoisse d'avoir à créer. De plus, par cette question, nous leur donnons à croire que c'est à partir d'idées que l'on peut créer, alors que justement, elles engendrent souvent des difficultés d'exécution et empêchent la mise à feu du mouvement créateur.

Il arrive, d'autre part, d'entendre un enfant nous dire: «je n'ai pas d'idée... ou, donne-moi une idée.» Cet énoncé a le don de nous déstabiliser. Comment peut-il ne pas avoir d'idée ! Nous avons tellement confiance dans la pensée imaginative de l'enfant... Et comment réagissons-nous? En leur donnant des idées, bien sûr ! Pourtant, ces chers enfants ont tout le bagage nécessaire pour se dire... Alors pourquoi manquent-ils d'idées?

Je crois qu'ils sont inquiets. Ils se demandent s'ils sont capables de produire ce qu'ils aimeraient produire ; alors, ils chassent les premières images, celles qui montent, chargées de sensations. Grâce à un travail préalable sur leurs images, je suis persuadée

---

[2] Pierre Vadeboncœur, <u>Vivement un autre siècle!</u>, Montréal, Ed. Bellarmin, 1996, p. 208.

qu'ils ne vivraient pas cette angoisse. En travaillant les images, le feu naît et renaît plusieurs fois durant la création.

Samuel et son lion

C'est souvent en explorant le monde sensori-moteur que le jeune enfant parvient à exprimer ses images intimes. Samuel, cinq ans, me dit vouloir peindre un gros lion, bien fort, avec une grosse, grosse crinière. Il tourne autour de la table en rugissant, montre ses griffes à un copain, rugit encore, puis se décide à choisir une couleur. C'est le rouge. Que va-t-il faire? Tout simplement un camion de pompier! Les sensations qui accompagnaient l'image du lion ayant été exprimées, aussi bien par le verbe que par l'imitation gestuelle, voilà que l'enfant accède à une autre image tout aussi significative pour lui.

L'image du lion était impérative! Il fallait qu'il la projette et il n'a pas attendu d'être devant sa feuille. Il a spontanément mis en scène le lion qui réclamait de se faire voir, et vite! Moi, Samuel le lion, j'arrive! Gare à celui qui est sans défense!

En endossant la force du lion, la puissance de son cri, le courage de montrer ses griffes et de faire peur aux autres, l'enfant exprimait consciemment, ou peut-être inconsciemment, son désir de puissance: être fort, dominer, faire peur!

Il se libérait ainsi des sensations fortes qui l'habitaient. Le langage dramatique, par sa gestuelle et ses onomatopées, sert bien les sentiments urgents, ceux qui ont besoin de se manifester rapidement. A l'âge de Samuel, il est encore difficile de nommer ses sentiments... mieux vaut les mettre en scène! En fait, c'est difficile à tout âge!

Chapitre 3

En création, il ne s'agit donc pas de reproduire des images, mais bien de représenter les sensations dont elles sont porteuses. Savoir saisir au vol une image et vouloir la reproduire, c'est réclamer de soi un talent de photographe, car la reproduction exige une fidélité à l'image, fidélité qu'il est impossible de respecter en créativité. Ce n'est donc pas de reproduction dont il s'agit en création, mais bien de représentation.

Sensations, perceptions et sentiments se retrouvent dans l'image créée, représentant ainsi la vie émotionnelle et intime du créateur.

"Une maman et son bébé" *Catherine - 6 ans*

Les images venues d'ailleurs

Les images épinglées

> «La valeur d'une image se mesure à
> l'étendue de son auréole imaginaire.»³

Les images déjà conçues, venues d'ailleurs et propagées par des intérêts, venus eux aussi d'ailleurs, n'ont pas nécessairement un contenu significatif. On les épingle parfois sur nos murs et elles y restent de longs mois! Peut-être devrions-nous prendre le temps de réfléchir à l'importance qu'elles peuvent avoir à long terme sur nous et sur les enfants qui vivent avec nous.

Un jour ou l'autre, nous avons tous été épris d'une image qui est venue solliciter notre intérêt. Pourquoi celle-ci plutôt qu'une autre? Nous n'en savons peut-être rien! «Il faut alors, dit Bachelard, se demander qu'elle a été la fougue que cette image a décrochée en nous.»⁴

Puisque nous y tenons, elle doit certainement symboliser une part de notre vie intime... L'image "épinglée" sert donc en quelque sorte de transfert, de miroir. Puisque nous la choisissons, elle est aussi un témoin du regard que nous portons sur la vie. Voilà pourquoi il est important d'en faire un choix pertinent.

Si les images que nous choisissons sont significatives pour nous, elles n'éveillent pas nécessairement le même intérêt chez les enfants. Que faire alors? Eh bien, avoir un coin d'images à soi! Et pourquoi pas, offrir aussi un espace aux enfants en les invitant à fournir des images qu'ils aiment? Nous pourrons, par la même occasion, les aider à exprimer ce qu'elles représentent pour eux. Leurs choix seront certainement significatifs de leurs intérêts.

---

³ Gaston Bachelard, L'air et les songes, Paris, Ed. José Corti, 1943, p. 7.

⁴ Gaston Bachelard, L'air et les songes, op cit. p. 9.

Chapitre 3

Des images significatives

> «Si l'esprit utilise les images pour saisir la réalité ultime des choses, c'est justement parce que cette réalité se manifeste d'une manière contradictoire et par conséquent ne saurait être exprimée par des concepts.»[5]

Apporter notre vision des choses fascine toujours les enfants; ils écoutent, observent, répliquent, puis se mettent à réfléchir. On a parfois l'impression de suivre le cheminement de leur réflexion tant leurs sourcils se froncent et leurs yeux se fixent!

J'avais affiché au mur de ma cuisine un texte du Prophète Khalil Gibran. Un jour, François-Xavier, neuf ans, et Bruno, sept ans, s'attardent à lire ce texte.

> «Vos enfants ne sont pas vos enfants,
> Ils sont les fils et les filles de l'appel à la vie,
> Ils viennent à travers vous mais non de vous.
> Et bien qu'ils soient avec vous,
> ils ne vous appartiennent pas.»[6]

Voilà les deux garçons bien interrogatifs: «Comment ça, vos enfants ne sont pas vos enfants?» et de s'esclaffer et de blaguer! Bien entendu, ce jour-là, ils avaient pris leur lecture au premier degré.

Par la suite, chaque fois que les deux enfants revenaient à la maison, ils relisaient à voix haute. Leur curiosité, leur désir de comprendre avaient été éveillés et provoquaient entre nous de très bons échanges: ils n'étaient plus dans les rires, mais dans des réflexions profondes.

---

[5] Mircea Eliade, Images et Symboles, Paris, Gallimard, 1952, p. 17.

[6] Khalil Gibran, Le prophète, Paris ; Ed. Casterman, 1965, p. 19.

Une idée intéressante pour nous, éducateurs, est d'afficher des images propices à de bons dialogues. Si nous voulons éveiller la sensibilité de l'enfant, l'amener à rêver et à alimenter son imaginaire, nous afficherons sur nos murs des images aux contenus significatifs.

Francine, une éducatrice d'enfants de six ans, avait exposé des images qui ont fortement sollicité l'intérêt des petits durant plusieurs semaines.[7]

Il s'agissait de pères ou de grands-pères de tous les âges, de toutes les nations, photographiés dans des situations de tous les jours – travail, repos, jeu, promenade,... – mais toujours accompagnés d'enfants[7]. Ces images étaient installées dans un couloir qui reliait deux locaux. Les enfants y circulaient régulièrement et parfois l'un d'eux s'arrêtait, regardait, attentif et songeur. D'autres fois, c'était un petite groupe qui faisait des commentaires ; Francine observait et par ses explications, aidait les enfants à faire une meilleure lecture d'image.

Voulant organiser une causerie, elle demanda un jour aux enfants de choisir l'une des photos et de la présenter en classe. Certains enfants éprouvèrent de la difficulté tandis que d'autres fixèrent rapidement leur choix. Celui-ci était bien entendu révélateur de choses intimes. Les enfants discutèrent et partagèrent leurs impressions ; tous étaient touchés par l'activité et avaient quelque chose à communiquer. Cette causerie fut donc une mine d'or de réflexions sur les relations, les expériences vécues avec les pères et les grands-pères.

La direction de l'école avait questionné l'enseignante : «Ne craignez-vous pas que certains enfants puissent être blessés du fait qu'ils n'ont pas de père ou que celui-ci est absent ?» Tous les enfants ont eu un père, et de ça, ils doivent en être rassurés. Ceux, dont il est absent aujourd'hui,

---

[7] Ces images avaient été retirées d'un agenda de l'UNICEF, année 1985.

Chapitre 3

vivent une réelle blessure. Nous devons donc leur donner la chance d'en parler s'ils le désirent car, trop souvent, ces enfants vivent cette souffrance en silence.

Les enfants, tous les enfants, éprouvent le besoin d'avoir auprès d'eux des adultes qui ont la sagesse de croire en eux et la force de mettre en œuvre des actions qui les aideront à mieux vivre. La crainte d'éveiller des émotions et de ne pas savoir répondre à la détresse d'un enfant mobilise trop souvent nos élans de compassion et de tendresse!

Ce jour-là, les objectifs de Francine étaient atteints: mieux connaître les enfants, les stimuler à s'exprimer librement, apporter chaleur et réconfort à ceux dont le besoin s'en était fait sentir.

Pour aider les enfants à créer, il faut leur parler avec les mots du cœur. C'est un langage qu'ils comprennent, qui fait "image" pour eux et qui les aide à vouloir s'exprimer. C'est dans cette aventure de la perception et du sensible que les enfants et les artistes se rejoignent.

Fanny - 5 ans

Chapitre 4

L'imagination

> «*Sans imagination il ne pourrait y avoir création. Elle est donc l'activité intellectuelle non seulement la plus féconde mais la plus noble.*»[1]

Il y a peu de temps encore, lorsque l'imagination se manifestait, elle semait l'inquiétude et le doute sur la santé mentale, si bien qu'on l'avait surnommée "la folle du logis"! Son rôle n'était pas compris; seuls "les gens d'art", artistes ou écrivains et quelques autres personnes dont le métier la réclamait avaient quelques droits à... imaginer.

Je me rappelle, étant enfant, le ton sentencieux que prenait ma mère pour me dire "ton imagination te perdra!" Je ne comprenais pas ce qui pouvait me devenir fatal... Certes, mes propos fantaisistes, hétéroclites et surtout non conformistes provoquaient les éclats de mes parents. J'étais une enfant d'humeur fantaisiste, chargée d'images foisonnantes que j'entretenais aussi bien par

---

[1] Albert Jacquard, Petite philosophie à l'usage des non-philosophes, Paris, Calmann-Lévy, 1997, p. 85.

Chapitre 4

mes rêves que par mes discours à tout venant. D'ailleurs, j'ai toujours eu le sentiment que, malgré sa sévérité, ma mère aimait cette "folle en moi", cette imaginative qui, tout en la déstabilisant, provoquait parfois son rire...

A cette époque, jouer verbalement avec les images intérieures et les traduire de façon imaginative n'était pas davantage prisé par l'école! Là aussi, on me demandait de dompter "la folle du logis"! Personne n'y a réussi et je m'en trouve fort heureuse! Mais, en y pensant bien, "la folle du logis", c'est joliment nommé, n'est-ce pas?

Le temps a passé. Depuis quelques décennies, le monde de l'image n'a cessé de croître: cinéma, télévision, pub, revues, bandes dessinées et autres sont tous redevables à des imaginations fertiles et parfois même en folie! Jadis boudée, voilà maintenant que l'imagination règne et se fait voir dans l'image qui envahit l'espace. Justement, ce mot "espace" n'est-il pas l'un des thèmes qui sollicite présentement le plus d'imagination?

Au fait, qu'est-ce que l'imagination?

C'est une faculté qui, plus rapide que l'éclair, se charge de dynamiser nos images et, de ce fait, de dynamiser aussi notre être. «L'imagination ne crée rien du néant, elle met en relation les images perçues dans la réalité présente avec d'autres images mentales, (ou des fragments d'images) éparses aux divers niveaux de la conscience. Ce système de relation ne relève pas nécessairement de la logique.»[2]

Prenons à titre d'exemple un ballon sur un terrain de football qui devient soudain une montgolfière sous l'effet de l'imagination. Que s'est-il passé? La première image, celle du ballon de foot, par action imaginative s'est mise en relation avec l'image d'une montgolfière. Se jumelant à la pensée, l'imagination a fait son œuvre.

---

[2] Jean Fabry, Introduction à la psychopédagogie de l'expression, Tome 1, Ed. Labor, Bruxelles, 1977, p. 192.

Grâce aux diverses expériences que nous vivons, les images, fruits de nos sensations, de nos perceptions, se multiplient à l'infini. Par l'imagination, elles sont renvoyées à la pensée qui les organise en représentations.

Parfois, les images imaginées viennent affirmer et confirmer notre appartenance au réel; d'autres fois, elles vont se loger dans l'imaginaire et entretiennent le rêve et le fantasme. C'est donc l'imagination qui fait le pont entre les deux pôles que sont le réel et l'imaginaire, devenant ainsi une source importante d'équilibre et d'harmonie.

Plus l'imagination est fertile, plus l'intelligence devient fertile, car l'imagination joue un rôle stimulant: elle procure de la mobilité mentale, développe les capacités d'association, de transposition, d'analogie et d'adaptation. Elle donne souffle et allant à notre fonction créatrice, lui réclamant de passer à l'action. Sans imagination, la vie serait au ras des pâquerettes, sans envol et sans relief!

L'imagination se fait créatrice

> «*Nous voulons toujours, nous dit Bachelard, que l'imagination soit la faculté de former des images, or, elle est plutôt la faculté de déformer les images.*»[3]

L'imagination active ne se contente pas des images toutes faites, elle capte et transforme les images premières, allant même jusqu'à les déformer pour en créer de nouvelles! C'est dans ce rôle qu'elle devient "créatrice".

---

[3] Gaston Bachelard, L'air et les songes, Paris, Librairie José Corti, 1943, p. 7.

Chapitre 4 ⎯⎯⎯⎯⎯⎯⎯⎯⎯⎯⎯⎯⎯⎯⎯⎯⎯⎯⎯⎯⎯⎯⎯⎯⎯⎯⎯

L'exemple suivant témoigne d'une rêverie éveillée dans laquelle la pensée créatrice est sous l'action de l'imagination.

De l'or et du bleu, du bleu et de l'or

Lors de mes cours, je demande aux participants de fermer les yeux et de rêver à un paysage qui leur est cher. Puis, dans un deuxième temps qui prolonge la visualisation, je leur suggère de peindre mentalement en or et en bleu ce paysage rêvé. Quelques minutes de silence, puis nous partageons ce que nous avons visualisé.

Voici quelques exemples : «J'ai vu un paysage de bord de mer. Mon ciel était bleu, l'eau était bleue et la plage était dorée. Dans le ciel, il y avait des traînées d'or...»

«Moi, j'ai rêvé d'une forêt : le ciel et les arbres étaient bleus, mais ceux-ci possédaient des feuillages dorés, c'était très beau !»

On aime rêver ainsi, on se sent à l'aise dans le paysage de son choix et on le colore le mieux possible. Cependant, à mon avis, on ne prend pas suffisamment de risques ! Il faut sortir des clichés et transformer davantage nos images, de telle sorte qu'elles viennent même nous surprendre !

Je demande de fermer les yeux à nouveau et de revisualiser leur paysage coloré d'or et de bleu ; puis, de "changer tout ce qui est or en bleu et, tout ce qui est bleu en or."

Encore quelques instants de silence et les impressions jaillissent :

« Je n'ai pas aimé faire ce deuxième exercice... disent plusieurs participants.

- Non ? et pourquoi ?

- On était bien dans notre premier paysage bleu et or. C'était magnifique. Pourquoi nous avoir fait changer ce qu'on avait imaginé ?

- Il m'a été difficile de changer ce que j'avais imaginé, de mettre la mer et le ciel en or et la plage bleue!
- Bien sûr, c'est plus difficile, mais n'est-ce pas un bon exercice d'imagination? Un exercice qui nous fait sortir de nos stéréotypes? Il nous fait voir les choses autrement!»

Je constate chaque fois que les participants s'attachent à leur première visualisation... Ils ont créé mentalement une image qu'ils doivent recréer autrement. C'est déstabilisant!

Le but poursuivi est évidemment de devenir sensible aux images que l'on se crée, images souvent figées dans leurs couleurs et qui ne font pas tellement travailler l'imagination. Se représenter une forêt d'arbres dorés? Oui! Pourquoi pas? Imaginer un ciel bleu et des traînées d'or, c'est déjà bien, mais l'imagination n'a pas été tellement créatrice! Faire une mer dorée? C'est plus rare... Mettre les traces bleues d'un soleil bleu dans un ciel d'or?... C'est surréaliste, c'est imaginatif et c'est aussi surprenant!

Partir d'un objet inducteur concret: le paysage. Trouver des images remplies d'affects, former des représentations imaginaires, rêver la matière et la couleur, rêver le temps et l'espace dans la matière et la couleur... et se laisser porter par l'imagination créatrice. Voilà un exercice qui active l'imagination, la rend polyvalente et sans balise.

L'imagination, opératrice d'images, ne peut se satisfaire des idées reçues; il lui faut être constamment régénérée. La vie routinière, sans surprise, sans rebondissement ne saurait déclencher l'action imaginative. Celle-ci peut cependant semer le doute dans nos certitudes et les ébranler, car déstabiliser ce qui est tenu comme acquis provoque quelques inquiétudes. C'est pourtant en osant que l'on découvre sa capacité d'oser! Le risque et l'incertitude font toujours partie de l'invention et de la création.

Chapitre 4 ──────────────────

L'imagination a la propriété de nous faire lâcher les amarres et de nous amener vers l'aventure!... Elle nous ouvre toutes sortes de pistes qui nous font nous affirmer et nous reconnaître comme ayant du pouvoir sur notre vie. En favorisant sa mise en œuvre, nous nous découvrons un potentiel d'être et de faire, parfois ignoré et grâce à elle, nous sommes capables d'innover, de faire face aux difficultés, de trouver des solutions, de modifier une situation. De ces bienheureuses découvertes, nous retrouvons le sentiment de puissance qui était nôtre étant enfant.

L'imagination, magie de l'image

Avez-vous déjà pensé que dans le mot imagination, se cachaient les mots image et magie? L'imagination ne permet-elle pas la "magie de l'image"? Et qui évoque la magie fait allusion aux jeux dont elle est porteuse, à l'influence qu'elle exerce ainsi qu'au secret qu'elle laisse planer.

Bien qu'elle soit réelle, l'imagination nous échappe. Elle joue avec les images, avec les idées, avec la pensée. C'est une ludique qui ne connaît pas de limites. Les enfants lui attribuent facilement le pouvoir de magicienne. Son terrain de jeu se trouve dans "le champ expérientiel". Si les images arrivent à bouger, à s'interpeler, à se bousculer, à se transformer, à se colorer et parfois même à se parfumer, elles le doivent à cette magicienne qui, de son coup de baguette, fait fuir la sclérose et opère sa magie sur la vie, sur la créativité, sur l'imaginaire et sur le réel.

Chez les enfants que les expériences nouvelles stimulent et excitent, l'imagination est toujours au rendez-vous; ils savent l'accueillir, lui donner une large place et surtout ne lui accorder aucune censure. Elle se fait alors omniprésente dans leur vie et c'est la très belle étape du délire imaginatif, un délire permis puisqu'il n'est que passager.

L'imagination

Plus l'imagination est fertile, plus l'intelligence devient fertile, car elle joue un rôle stimulant. Elle donne souffle et allant à notre fonction créatrice, lui réclamant de passer à l'action.

Chapitre 4

Le plaisir d'imaginer
L'anecdote du "i"...

Lorsqu'à trois ans, mon petit-fils, se tenant droit comme un piquet, me déclare : «Mamie, quand tu seras morte, tu seras comme un "i"...»

Je vois bien que son imagination s'est appropriée l'image qu'il se fait de la mort et l'a transformée en un autre visuel qu'il connaît ! Son intelligence est allée chercher l'aide de son imagination. Il est en plein dans l'âge de l'analogie métaphorique.

Autre constat : l'enfant a doublé la force de son image en l'appuyant d'une gestuelle appropriée, ce qui la rend encore plus expressive... Chez les jeunes enfants, l'opération d'images mentales trouve souvent la voie de l'expression à la fois dans le verbe et la gestuelle et ainsi, la fonction imaginative se double de la fonction symbolique. Ces créations spontanées, remplies de fraîcheur, témoignent de la vitalité du monde fantaisiste des tout-petits.

Dans la créativité, l'imagination s'inscrit à travers tous les langages d'expression. Si cette image du "i" de Bruno était apparue dans l'un de ses dessins, elle aurait été porteuse de sa pensée sur l'immobilité que procure la mort mais, sans explication verbale, je n'en aurais probablement rien décodé. Cela aurait été un produit de son imagination symbolique, mais le sens caché de ce symbole m'aurait échappé. J'aurais tout simplement pensé que l'enfant commençait à savoir écrire ses lettres ! Comme quoi, il faut croire au fait que l'expression créatrice des enfants, en quelques domaines qu'elle se manifeste, révèle ce qu'ils pensent et ce qu'ils imaginent et nous ne pouvons pas en saisir chacun des messages.

A propos ... de rêver et de faire rêver

«La réalité est une puissance de rêve et le rêve est une réalité.»[4]

Dernièrement., Florence, l'enfant d'une amie me demande: «Qu'est-ce que tu regardes?» Je réponds: «le vent.»
«Mais tu ne le vois pas», reprend-elle.
«Si, je l'ai vu passer, il était bleu.»
Elle me regarde, reste songeuse, puis s'en va.

Se laisser rêver, c'est se faire un cadeau! La raison discute le rêve. Il faut savoir la faire taire. Peut-être y arrivons-nous quand nous sommes en parfait accord avec nous-mêmes sur notre droit de rêver?

Nous n'avons pas à "permettre" la rêverie à l'enfant; cette richesse va de soi. Elle apporte un état flou, sans frontières, où l'âme baigne dans ses propres essences. Le rêve n'est pas l'inactivité, il est la projection de nos puissances intimes et se nourrit de notre imaginaire. Celui ou celle qui a une imagination active et qui se permet de rêver accomplit tout simplement ce dont l'enfance a besoin pour être et se réaliser...

Par contre, nous devons savoir que l'enfant qui explore et exploite son imagination entre souvent en rêverie. Il se met alors en contact avec ce qui l'habite, s'appropriant ainsi son monde intérieur, à savoir: ce qu'il ressent et ce qu'il pressent.

Voir foisonner l'imagination d'un enfant, le voir s'échapper vers le rêve et parfois mettre le pied dans ce qu'on peut appeler l'irréel, n'a rien de très rassurant pour la majorité des adultes éducateurs. «Cet enfant réussira-t-il sa vie?» «Ce n'est certainement pas en rêvant qu'il arrivera à gagner son pain!» «Où est-il?» «Sera-t-il capable de faire face à sa réalité?» etc. Ces craintes rejoignent celles de ma mère!

---

[4] Gaston Bachelard, <u>Le droit de rêver</u>, Paris, Vertiges, 1985, p. 162.

Chapitre 4

En quelque sorte, cet enfant nous échappe : voilà le problème ! Mais doit-on constamment avoir de l'emprise sur tout ce que pense et fait l'enfant ? Est-ce là une bonne façon de penser l'éducation ?

Il est vrai que certains enfants rêvassent... mais s'ils ne le font pas "très" souvent, ni de façon exagérément prolongée, il faut les laisser en paix. Ils ont besoin de moments bien à eux, où tout se calme.

Dans son livre "Solitude", Françoise Dolto insiste sur le fait que certains enfants ont besoin d'être parfois seuls. «Il y a des enfants, dit-elle, qui souffrent dans leur cohésion intérieure psychique d'être tout le temps à vingt-cinq à la fois, ils ont besoin de se ressourcer en eux-mêmes...» Plus loin, elle ajoute qu'il y a comme une inquiétude de l'adulte lorsqu'un enfant reste un peu seul : «Allez ! Il faut jouer, il faut jouer» disait une éducatrice à un enfant. «Jouer, reprend Dolto, c'est courir avec un autre alors que, pour l'enfant, c'est peut-être se reposer, réfléchir, écouter les bruits, regarder tournoyer les feuilles..., observer une fourmi...»[5]

Honorer les moments de rêveries... Savoir que nous pouvons regarder passer le vent et nous arrêter pour le voir passer. Prendre le temps de rêver les mots, les parfums, les soieries, les pierres et l'odeur d'une rose rouge. Au fait, aurait-elle la même odeur si elle était jaune ?...

Il est facile d'enclencher les rêveries des enfants et de provoquer leurs images. Ils se hâteront de les multiplier et de les amener voyager bien au-delà de ce que nous avions nous-mêmes imaginé pour eux. Ils iront dans des terres encore inexplorées mais qui les attendent...

---

[5] Françoise Dolto, <u>Solitude</u>, Paris, PUF, 1978, p. 191.

Laisser le temps nécessaire à la maturation

Il faut bien rendre l'enfant "réaliste"!

Combien de fois ai-je entendu cette phrase : «Je dois aider mon enfant à être réaliste ; de cette façon, il sera capable "d'affronter la vie"...»

Réclamer des enfants qu'ils soient réalistes avant que le temps de l'être ne soit arrivé, avant que le savoir, issu d'expériences, nécessaire à la formation du jugement et du raisonnement se soit installé, c'est pénétrer indûment dans leur enfance et, peut-être, leur ôter l'envie de devenir adulte. Un adulte trop sérieux n'est-il pas un adulte qui manque d'imagination?

Pourquoi ne laisserions-nous pas se dérouler le temps nécessaire à la maturité primaire du petit humain? La durée de l'enfance n'est pas si longue et l'enfant a besoin de ce temps pour intégrer ce que lui réclame chacune des étapes de sa maturation. Il construit ainsi l'organisation de son devenir, car c'est dans le présent que s'élabore l'avenir.

Si, dans l'enfance, un être a su ce qu'était aimer vivre et rêver la vie, l'imaginer sous ses différents aspects, alors, devenu adulte, il saura faire référence à ses ressources premières et trouver en lui l'équilibre nécessaire à son fonctionnement. Son imagination, son imaginaire, sa créativité, sa capacité d'expression et de communication constitueront l'armature de son bien-être. Etant près de son monde intérieur, il aura une véritable emprise sur sa réalité. Acceptons que l'enfant voyage, à son rythme, à sa façon! Ne craignons plus que son action imaginative l'éloigne de nous, elle lui fait plutôt s'approprier sa réalité.

Et si vraiment un enfant devenait systématiquement incapable de discerner le réel de l'imaginaire et se cantonnait dans celui-ci, il s'agirait alors d'un problème pathologique exceptionnel qui réclamerait d'autres interventions. Il ne faut donc pas que l'adulte éducateur se laisse arrêter par la crainte que l'enfant ne puisse

Chapitre 4

accéder normalement à la réalité, car alors il priverait l'enfant du soutien nécessaire à son équilibre vital.

> «*Ce n'est pas en tentant d'extirper de l'enfance les racines de la fabulation qu'on rend l'enfant rationnel. C'est au contraire en l'aidant à manier cette fabulation avec de plus en plus de finesse, de recul, de distance. Ce qui suppose le plus souvent possible une médiation de l'adulte, en dialogue.*»[6]

Bruno et son voleur!

Au moyen d'une anecdote, voyons encore plus profondément comment l'imagination opère pour s'approprier le réel.

J'étais un jour avec mon petit-fils qui avait alors neuf ans. Oui, à cet âge aussi, on cherche ce qu'est la vérité, ce qui peut être cru ou rejeté, ce qui donne raison ou tort, ce qui a du sens ou pas. Alors, on imagine, on invente des situations qui nous aideront à discerner ce qui est véridique, pour soi d'abord, puis ce qui paraît l'être pour l'autre qui nous écoute. Car après tout, il faut bien se faire une idée. Alors, on prend les moyens que l'on a et on plonge dans... la pure imagination.

Ainsi, chaque enfant fait sa recherche. Or, ce jour-là nous étions, Bruno et moi, dans ma voiture lorsque soudain il me dit sur un ton semi-tragique: «Mamie Lou, je viens de voir un homme entrer dans la banque, oui, là,... juste en face. Il porte une veste de cuir, il a un chapeau et un foulard sur la figure, il a aussi un grand sac noir sur son épaule... Je crois qu'il va faire un hold-up...» (sic!)

---

[6] Jacqueline Held, L'imaginaire au pouvoir, Paris, Ed. Ouvrières, 1977, p. 48.

L'imagination

Je regarde Bruno et lui dis : «Ah! Tu as réellement vu un voleur? Alors sauvons-nous rapidement d'ici. Mais restons un peu plus loin pour voir si quelqu'un fera venir les policiers, sinon, il faudrait le faire.» Je stationne à l'autre coin de rue. L'enfant me regarde et je sens qu'il est un peu embarrassé, sinon déstabilisé. Que va faire Mamie et me croit-elle? Je ne dis rien et regarde dans mon rétroviseur. J'attends quelques instants et Bruno dit : «Tu sais Mamie Lou, peut-être que ce n'était pas un vrai, vrai voleur... Tu peux démarrer maintenant, je crois qu'il voulait peut-être faire rire... ou juste faire peur...» Je démarre et réponds à Bruno : «Ah, oui, parfois on veut faire des choses juste pour voir ce qui va se passer... hein Bruno?» Et l'enfant me sourit.

Il avait compris que je n'étais pas dupe de son histoire. Tout simplement je l'avais laissé y prendre plaisir. Imagination? Fabulation? Sûrement! Mais après tout, dites-moi comment naissent les histoires de ceux qui écrivent ou font du cinéma? Par un imaginaire nourri d'imagination qui s'emballe, prend plaisir et, désirant se raconter, passe à la création.

La personnalité de l'enfant ne peut se construire sans l'apport de la fonction créatrice qui pousse son imagination à rendre vivant et captivant tout ce qui est autour de lui.

Jean-Christophe - 7 ans

Chapitre 4

Imaginer les choses, les rendre différentes, leur donner un autre caractère entretient notre puissance d'être et de faire, cette puissance ressentie par les enfants quand ils commencent à prendre plaisir à... imaginer!

L'enfant parviendra à s'adapter à la vie s'il garde sa force imaginative bien vivante en lui. Il est donc important qu'il l'exerce et prenne plaisir à la développer. Puis, peu à peu, par maturation naturelle, l'enfant passera à un stade plus réaliste. Il pourra alors vivre sa réalité en étant capable d'imaginer à la fois ce qui pourrait l'embellir, l'améliorer et l'amener là où ses désirs réclament. Il sera capable de faire la différence entre le réel et l'imaginaire.

Joanna - 7 ans

L'imagination au service de l'assimilation

Raison et imagination peuvent faire bon ménage quand il est permis à l'une et à l'autre de se côtoyer, de se reconnaître et de partager le terrain de l'intelligence. L'anecdote suivante témoigne du nouvel intérêt de Bruno pour la signification plus approfondie des mots; cela présage l'âge de la pré-adolescence durant lequel l'enfant devient sinon raisonnable, du moins raisonneur! Quel plaisir!

Le "tout" et le "rien"

Bruno, le même Bruno qui imaginait la présence d'un voleur à neuf ans, est capable aussi au même âge, de se poser des questions sérieuses, des questions qui ont fait la recherche de bien des philosophes! Il me demande un jour si je pouvais définir le mot "rien". Je sentais bien à son ton, qu'il me tendait un piège et désirait me prouver quelque chose. N'attendant pas ma réponse, il dit en me montrant ses deux mains vides:

« Mais Mamie, voyons, rien, c'est rien! On ne peut défi-
nir 'rien'. Est-ce que tu comprends?»
Je suis songeuse et je réponds:
«Mais Bruno, comment définirais-tu alors le mot "tout"?»
C'est à son tour d'être songeur. Il réplique enfin:
«Tout, c'est tout, tout, et tout!» Et d'un geste large il
montre l'univers.
Je vais chercher le dictionnaire et je l'entends me dire:
«Si j'avais à définir le mot "rien" dans le dictionnaire, je
ne mettrais rien! Je laisserais un grand espace blanc.»
- Et quelle serait la longueur de ton espace blanc?»
Il me montre environ vingt centimètres.
«Et "tout"? Quel serait alors l'espace que tu donnerais à
ce mot dans ton dictionnaire?»
Il rit et dit: «Tout le dictionnaire!»
Mais quelle surprise pour lui lorsqu'au mot "rien", il découvre une demi-page complète de définitions et d'applications.

Chapitre 4 ─────────────────────────────

Le "tout" et le "rien" habitent maintenant la vision intellectuelle de l'enfant. Son imagination est venue apporter du support à son intellect.

Qu'est-ce qui fait rêver les enfants?

Qu'est-ce qui les fait imaginer? Tout et parfois... un rien! Une coccinelle, un nuage, une pierre, un mot, une sonorité et les voilà envolés vers d'autres pâturages! Ecoutez-les imaginer! Vous redécouvrirez ce qui touchait votre sensibilité lorsque vous étiez enfant. Vous reviendrez à vous-même, à cet enfant qui n'a pas cessé de réclamer son existence et qui est en attente de rêverie pour bercer son âme si souvent en demande de tendresse. «Seul, très seul est l'enfant rêveur», écrit Bachelard et il continue ainsi : «L'enfant connaît une rêverie naturelle de solitude, une rêverie qu'il ne faut pas confondre avec celle de l'enfant boudeur. En ses solitudes heureuses, l'enfant rêveur connaît la rêverie cosmique, celle qui nous unit au monde.»[7]

L'imagination au service de l'adaptation

Accepter la réalité et bien la vivre réclame une capacité d'adaptation. S'adapter ne veut pas dire se conformer, mais bien s'accommoder au réel et assimiler ce qui nous convient de ce réel, tout en gardant une part de soi capable de rêve et d'imagination.

Particulièrement de nos jours, les enfants ont bien besoin de savoir s'adapter! Une grande majorité d'entre eux rencontrent toutes sortes de situations auxquelles ils ont à faire face. Prenons le seul fait que, tous les jours, un nombre incalculable d'enfants sont en contact avec différents adultes ayant chacun quelqu'autorité sur eux. Tous ces adultes leur donnent des consignes qui n'ont pas toujours le même ton ni les mêmes attentes. Ce n'est guère facile pour les enfants de s'adapter à ce phénomène! Si nous voulons qu'ils y parviennent sans perdre leur identité, leur

───────────────
[7] Gaston Bachelard, La poétique de la rêverie, Paris, Ed. PUF, 1960, p. 92.

L'imagination

désir de vivre et leur puissance créatrice, en un mot leur foi dans la vie, il nous faut les aider à fortifier leur vie imaginative, à y puiser le rebondissement nécessaire aux situations difficiles et ambigües qui se présentent parfois. Chaque problème a sa solution, dit-on. Cependant, pour trouver cette solution, ou tout au moins savoir contourner certains problèmes, nous avons bien besoin d'une imagination active!

La vie n'est pas linéaire du tout, ni pour les enfants, ni pour les adultes qui gardent leurs désirs vivants. Elle est plutôt labyrinthique! Parcourir ces labyrinthes, chercher comment y vivre et parfois comment en sortir réclame une fonction créatrice bien en place dont l'imagination n'est pas le moindre atout!

Aider l'imagination des enfants à rester vivante

> «Avoir de l'imagination, nous dit Eliade,
> c'est jouir d'une richesse intérieure, d'un
> flux ininterrompu et spontané d'images.»[8]

Notre rôle est donc de présenter des activités qui mettent en marche la fonction imaginatrice de l'enfant, des activités reliées directement au domaine de la création artistique et d'autres qui présentent à l'enfant une démarche l'amenant à la recherche de solutions adéquates.

Chaque domaine d'apprentissage offre ce type de démarche et il est de toute beauté de voir à quel point les enfants prennent plaisir à rechercher et trouver des solutions. Les enfants émettent même parfois des idées qui ne nous avaient même pas effleuré l'esprit. En laissant les enfants découvrir comment s'y prendre pour régler des problèmes, nous les aidons à prendre conscience de la multivalence des solutions. Ainsi se renforce leur sentiment de puissance face à la vie; ils comprennent qu'ils peuvent avoir de l'emprise sur elle.

---

[8] Mircea Eliade, <u>Images et symboles</u>, Paris, Gallimard NRF, 1952, p. 23.

Chapitre 4

C'est donc un grand service à leur rendre que de leur faire prendre conscience de leur intelligence et de leur capacité imaginative.

Attention! Attitudes qui assassinent l'imagination...

«*La réalité est faite pour "fixer" nos rêves.*»[9]

L'imagination se nourrit de choses concrètes, dépasse cette réalité, renouvelle et transforme toute vision! Mais encore faut-il que l'être soit touché, capable de sensibilité et d'émotion.

Laisser l'enfant rêver et... raconter sa rêverie, laisser l'enfant raconter sa rêverie et... la rêver!

« Un arbre bleu! s'étonne l'éducatrice, où as-tu pris cette idée, Hélène? Tu sais bien que ça n'existe pas... peut-être n'avais-tu pas "la bonne" couleur pour peindre ton arbre?»

Et si tous les arbres devenaient soudainement bleus pour le seul plaisir d'Hélène, pour son besoin de transformer momentanément la réalité de "ce qui est" en "ce qui aurait pu être"?

Et dites-moi, de quelle couleur est-il le pin de Norvège?...

Quel est ce besoin pressant chez de nombreux adultes de rendre l'enfant objectif et rationnel? Ne savent-ils pas que vivre une enfance heureuse réclame l'émancipation, le jeu, la fantaisie, le rêve?

S'il n'est pas permis à un enfant de rêver sa peinture, ses dessins ou ses modelages, où donc iront se loger ses rêves? Dans quelle réalité pourront-ils s'inscrire? Et le bleu, n'est-il pas une couleur de rêve?... Le bleu nuit, le bleu azur, le bleu turquoise, le bleu acier, ou encore, le reflet bleuté du soir bleu auprès d'un lac sauvage devenu soudainement... bleu...!

---

[9] Gaston Bachelard, La terre et les rêveries de la volonté, Paris, Librairie José Corti, 1948, p. 185.

Logique pour logique !

« Tiens, dit un père à son enfant, il neige abondamment sur ton dessin ; pourtant tu as dessiné un soleil !
- Mais oui, répond l'enfant.
- Tu sais pourtant que la neige provient des nuages, comme la pluie d'ailleurs.
- Mais oui ... soupire l'enfant.
- Lorsqu'il neige, comme tu le prétends, le ciel est tout gris... alors que vient faire le soleil ?
- Mais faire fondre la neige », répond l'enfant qui s'est soudainement trouvé une explication.

La logique de l'adulte est-elle ainsi rassurée ?

Une logique... illogique !

« Tu as oublié de mettre tes poissons dans l'eau », dit l'enseignante à un enfant de cinq ans.

L'enfant montre alors sa ligne horizontale signifiant l'eau.

« Ah ! oui, je vois, reprend l'enseignante, tes poissons sont sous la ligne d'eau, mais ils ne sont quand même pas dans l'eau, ils vont mourir parce qu'ils ne sont pas dans l'eau. (Sic !)
- Mais si je peins de l'eau partout, répond l'enfant, il n'y aura plus de poissons parce que la couleur va les cacher ! »

Soyons logique et la vie nous paraîtra exaltante, n'est-ce pas ?

Eh oui ! L'imagination, le geste spontané, la poétique et la rêverie, tout se trouve censuré pour une question de logique, que les enfants, selon nous, doivent acquérir pour être dans la réalité. Dommage, ce n'est pas encore le moment...

Chapitre 4

Stimuler les enfants à se raconter

En racontant, l'enfant "se" raconte, et il prend plaisir à s'entendre dire.

Dès lors, il développe son langage verbal et met en marche sa capacité imaginative. La réalité racontée s'embellit de faits imaginés? Mais oui! Et nous pouvons très bien accueillir ce qui est dit et, à notre tour, offrir une réponse tout aussi imaginative.

Parfois, les enfants exagèrent! Ils prennent ce qu'ils disent pour la réalité. C'est vrai, mais ça leur passera. La vie, même celle de la classe, vie de groupe avec les pairs, se chargera de les ramener au réel, croyez-moi! Un enfant qui raconte un événement auquel d'autres enfants ont participé se fera ramener à la réalité s'il donne une vision embellie de ce qui a été vécu! «Ce n'est pas comme ça que ça s'est passé, moi je vais raconter.» Et pan! La parole est prise par un autre qui souvent, se permettra à son tour d'exagérer ou de changer la réalité.

Dans la vie de groupe, la réalité entre parfois comme un boulet de canon! Les remarques frustrantes sont toujours mieux reçues lorsqu'elles viennent de pairs plutôt que de l'autorité. Les enfants s'éduquent entre eux et, par le fait même, chacun apprend à s'adapter. On se compare, on se confronte, on s'adapte. Cependant, il arrive aussi, et c'est heureux, que les enfants se stimulent entre eux en imaginant collectivement des situations invraisemblables. Alors là, on peut dire qu'ils sont dans leur monde! Le plaisir et la fantaisie fusent.

Il est très important que, lorsqu'un enfant désire nous parler, nous n'arrêtions pas sa communication par des visions réalistes et personnelles de ce qui s'est vécu. Il faut laisser aller le flot de paroles plutôt que de le restreindre par des remarques qui couperaient l'élan imaginatif.

C'est donc à nous d'essayer de maintenir chez les enfants un constant désir d'explorer toutes les possibilités d'expression que la vie leur présente. Puis, peu à peu, en les accompagnant sur la route des choix qu'ils feront, ils apprendront à devenir plus réalistes. Mais pour y arriver, il faut avoir eu le temps de construire un ferme sentiment de confiance en soi.

Témoigner de notre propre vitalité imaginative!

A l'occasion, l'adulte lui-même se permet des fantaisies. Il invente parfois ce qu'il dit et se permet même d'exagérer! Ce qui peut amener de l'humour et de l'air dans la vie! Il faut à l'adulte un interlocuteur pour garder vivant son désir de se raconter. La personne qui accueille nos dires, les respecte et témoigne de son intérêt, stimule notre imagination et augmente notre plaisir à se dire.

Raconter ce que l'on a vécu, y mêler les désirs qui ont soutenu notre démarche, rêver de pousser plus loin l'expérience et de la renouveler, voilà qui est nécessaire à notre santé mentale. Quand on devient un être capable de transformations et riche en rebondissements, la vision de la vie s'élargit. Elle devient vision imaginée et permet ainsi l'ouverture à des possibles jusqu'alors inavoués. Ainsi, nous montrons aux enfants combien l'imagination nous est utile et nous rend la vie plus simple, plus souple, plus agréable et de là, plus joyeuse!

Chapitre 4 ⎯⎯⎯⎯⎯⎯⎯⎯⎯⎯⎯⎯⎯⎯⎯⎯⎯⎯⎯⎯⎯⎯⎯⎯⎯⎯⎯

Et donner de l'air à la pédagogie ...

L'imagination est toujours prête à l'action, mais que dire d'imaginatif sur une activité qui a procuré son plaisir sur place et qui n'a pas nécessairement entretenu l'imagination ?

Je pense, entre autres, à cette demande faite aux enfants et répétée année après année, de dessiner un pommier au retour d'une promenade dans un verger. Et si un enfant oubliait de mettre un pommier dans son dessin ? Ou qu'il dessinait un pommier bleu ?

Au printemps, lorsque les érables coulent et que la visite d'une cabane à sucre s'impose, il sera aussi réclamé des enfants de dessiner la visite à l'érablière. On voudrait bien que, dans ces dessins, l'imagination soit au rendez-vous et pourtant, on réclame un dessin réaliste ! Double attente de l'enseignant ; difficulté pour l'enfant de combler ces attentes !

Ce n'est certes pas en leur imposant année après année les mêmes thèmes vidés de leur puissance imaginative que nous alimentons l'imagination !

Favoriser une promenade dans un verger ou dans une érablière relève de très bonnes intentions. Ce sont des sorties fort agréables et instructives pour les enfants. Laissons cependant les images se déposer dans leur cœur et ne leur demandons pas de s'en départir trop rapidement. Les images ont besoin d'un temps de gestation, un temps nécessaire au désir de production.

Peut-être qu'un jour, certains enfants raconteront ou mimeront spontanément la cueillette de pommes. Peut-être aussi, dans un temps différé, un jour encore plus lointain, reviendront-ils d'eux-mêmes aux souvenirs de leur sortie à la "cabane à sucre", qui sait ? Nous ne pouvons savoir ce qui fait bouger l'imagination de l'un et pas celle de l'autre ! Mais les souvenirs enrichis par le temps et l'expérience joueront un rôle sur l'imagination et celle-ci saura les embellir ! Les images de la mémoire se font plus détaillées et beaucoup plus sensibles quand le temps a fait son œuvre. Laissons les images voyager à leur propre rythme ; autrement, nous imposons aux enfants nos propres images ou des images stéréotypées.

Ne mettons pas les enfants dans des situations sclérosantes, peu imaginatives et ennuyeuses, ils en perdraient leur bel élan créateur.

Bruno - 5 ans

Chapitre 5

L'imaginaire

> «Constituer un domaine d'imaginaire, ce n'est point constituer une région comme absolue et isolée, mais une région relative de la conscience.»[1]

L'imaginaire, c'est l'espace dans lequel l'image fluctue.

Jean-Jacques Rousseau l'a défini comme étant "un grenier" dans lequel les images s'engrangeraient; ce serait le "magasin des matériaux" nécessaires à l'imaginaire pour qu'il soit opérationnel. Ces "matériaux-images" ne sont pas arrivés là par hasard. Ils proviendraient d'idées héritées ou acquises et se concrétiseraient dans la pensée imaginative.

Voir les images comme des matériaux soumis à une structure interne n'est pas peu dire! C'est leur donner un certain pouvoir d'organisation sur nos vies et, de ce fait, sur l'organisation de nos conduites. Sans l'imaginaire, la réalité nous submergerait. Nous n'aurions aucune perspective et notre vision personnelle de la vie s'en trouverait atrophiée.

---

[1] James Hillman La Beauté de Psyché, Montréal, Ed. Le Jour, 1993, p. 303.
L'auteur est le père de la "psychologie archétypale". Son approche thérapeutique est basée sur les images qui nous habitent, qui guident nos actions et qui peuvent devenir des aides pour la guérison.

Chapitre 5 ——————————————————————————

«Il faut scruter notre imaginaire et voir quel fantasme crée sa réalité, écrit James Hillman. Mais il faut de l'imagination, pour scruter avec imagination, de façon imaginative. C'est avec des images qu'il faut chercher des images.»[2] On voit dès lors l'importance octroyée à l'imagination dans la vie psychique. Elle agit par rapport aux images qu'elle reçoit et en nourrit l'imaginaire, d'où la nécessité de fournir à notre mental des images qui rencontrent nos valeurs et stimulent notre pensée positive. Un imaginaire nourri d'images lumineuses s'en trouve stimulé et, à son tour, vient nourrir le désir de vivre. Par contre, si les images sont ténébreuses, elles créent de l'angoisse; un imaginaire qui ne serait entretenu que d'images semblables ne pourrait qu'engendrer de la névrose et "tourner en rond sur lui-même".

L'aire de jeu de nos images

Créons à l'imaginaire un autre espace imaginé que nous appellerons "l'aire de jeu de nos images". Intuitivement, nous savons (nous avons toujours su) qu'il existe un endroit dans lequel nous pouvons nous évader sans pour autant nous y perdre, où toutes les élucubrations de l'esprit deviennent permises. Les images qui en découlent ne rencontrent aucun obstacle, aucune censure; elles bénéficient ainsi, à loisir, de mobilité et de souplesse, car nos possibilités imaginatives sont infinies...

L'aire de jeu de nos images est ainsi le terrain propice à toutes les rêveries, les fantasmes, les mythes réinvestis qui entretiennent notre propre désir de vivre. Nous sommes donc à la fois tributaires de nos images et auteurs de ce que nous en faisons.

Faire nôtres ces définitions imagées – grenier, matériaux, aire de jeux – c'est créer en nous, de façon imaginative, un espace, un lieu d'accueil où nos représentations prennent leur envol de transformation. Le réel, la symbolique et l'imaginaire se vivent en corrélation et forment un registre propre à chaque être humain. Les imaginaires de chacun sont ancrés dans sa réalité objective,

---

2 James Hillman, <u>La Beauté de Psyché</u>, Montréal, Ed. Le Jour, 1993, p. 303

relationnelle, culturelle. **Lorsqu'une personne entre dans son espace imaginaire, y inscrit son propre réel et se sert d'images symboliques pour y parvenir, elle est en plein travail de création.**

Dans le cadre de la fonction créatrice, l'imaginaire joue donc un rôle de première importance puisque, au moyen d'images, il s'inscrit dans notre réalité intérieure. Ces images proviennent en première instance de notre réalité par les sensations et les perceptions que nous procurent nos expériences ; grâce à notre imagination, elles se transforment pour devenir une création imaginaire aussi bien qu'une création inscrite dans le réel. C'est sous l'action des rencontres du réel et de l'imaginaire que nos conduites énergétiques se vivent et se transforment.[3]

Arthur, le puissant !

Arthur, cinq ans, drapé d'un tissu rouge, monte sur une table et déclare d'un geste péremptoire : «Je vais sauver le monde!» Rien de moins!... Du théâtre? Des effets de séduction? Certes, mais principalement une imitation de personnage de télévision! Tout simplement Arthur imite un tout-puissant virtuel, mais bien réel pour lui et il en fait son héros.

"Celui qui fait pleuvoir la couleur"

Emmanuel - 8 ans

---

[3] Conduites appelées aussi comportements. Ces conduites énergétiques sont des phénomènes internes : buts, motivations, émotions, etc.

Chapitre 5 ―――――――――――――――――――――――――

> Jusque là, aucun problème, sinon surveiller le fait que dans sa fougue, Arthur ne tombe pas de la table!
> Entrer dans son jeu? Pourquoi pas... De cette façon, l'enfant poursuivra son délire imaginaire et ira plus loin dans son expression. Je me risque: «Je suis celle qui peut t'aider à sauver le monde... dis-moi ce que je dois faire et je t'obéirai». Et l'enfant, heureux, déploie toutes ses forces imaginatives: «Tu monteras sur mon cheval. Tu prendras la route. Tu feras prisonnier celui qui porte un chapeau vert, etc.»

Le pouvoir rêvé de l'enfant de cet âge se manifeste la plupart du temps au cours de ses activités de création. Le jeu d'Arthur témoigne ici de son désir d'être le plus fort, de commander et de satisfaire ainsi son sentiment de puissance. En accompagnant les enfants dans l'expression de leurs images, nous les respectons véritablement et nous les aidons à faire connaissance avec leurs propres "forces créantes". Eduquer, ne serait-ce pas avant tout témoigner de ce que nous sommes et livrer ce qui nous rend libres et heureux?

Raton, l'adoré et le coupable !

> *«Les jeux de fiction ont une importance capitale dans la genèse de la personnalité de l'enfant.»*[4]

Dès sa deuxième année de vie, l'enfant commence à jouer avec ses images intérieures. Pour entrer en dialogue avec lui-même, il se crée des personnages imaginaires qui lui serviront temporairement de substituts lorsqu'il en sentira le besoin.

A deux ans et demi, Bruno prête vie à l'une de ses peluches, un raton laveur qu'il adore, mais dont il se servira peu à peu comme bouc émissaire dans ses moments difficiles: c'est Raton qui aura renversé le lait et sera puni, ce sera lui qui aura laissé une mitaine dans la neige ou, encore lui, qui ira dormir dans le placard

―――――――――――――――――――――――――
[4] Philippe Malrieux, La construction de l'imaginaire Paris, Ed. Dessart, 1967, p. 225.

n'ayant pas été raisonnable en réclamant une troisième histoire, etc... Transposant sur sa peluche ses propres agissements, l'enfant entre en dialogue avec lui-même, un lui-même en recherche de conscience. Ainsi, l'enfant peut cheminer et grandir à son rythme. Ce substitut "Raton" sert à le libérer de ses craintes et des sentiments de culpabilité qu'il commence à ressentir.

Lors des premiers mois de ce jeu transférentiel, l'enfant n'était pas préoccupé de ce que les adultes de son entourage pouvaient penser. Après quelques semaines, il les regardait du coin de l'œil, afin de vérifier si ses manèges avec Raton étaient recevables ou non, témoignant ainsi de sa conscience de metteur en scène! Il s'agissait pour nous d'accepter ce comportement passager. Il nous arrivait même parfois d'entrer dans son jeu: eh bien! ce doit être encore Raton qui a tout laissé à la traîne, ah! le vilain! Il faut lui dire de ramasser ses jouets. Et Bruno, de lui-même, rangeait ses choses tout en sermonnant Raton d'avoir négligé de le faire!

Vers trois ans, Bruno délaisse Raton car il n'en a plus besoin pour dialoguer avec lui-même. Il continuera cependant ses théâtres intérieurs et d'autres dialogues prendront place en lui, mais ils se feront plus discrets et son entourage n'en sera pas nécessairement témoin.

Bruno - 7 ans

Chapitre 5 ———————————————————————

Nos théâtres intérieurs

Cette pratique enfantine de dialogue avec nous-mêmes ne nous a pas quittés. Au plus profond de nous, nous relatons et discutons souvent les histoires de notre vie, histoires qui s'accompagnent évidemment de notre monde d'images. Jung nous dit que «ce théâtre intérieur conduit à une confrontation avec l'autre en nous»[5], confrontation nécessaire à la mise en place de nos personnages imaginaires.

> Lors de mes cours, je raconte l'exemple suivant: une personne vient informer Bernard, un enseignant, qu'il est attendu chez le directeur. Ce message, fait sur un ton plutôt sec, lui apporte certaines craintes, car il est perçu comme étant porteur d'un négatif à venir! Il est alors facile d'imaginer le dialogue intérieur qui s'installe chez l'enseignant: «Que peut-il bien me vouloir? Qu'ai-je fait? Aurais-je oublié quelque chose?...» Et en Bernard se bousculent une multitude de pensées-témoins des actions posées dans les dernières heures. Ce monologue continue ensuite en projection de ce qui va se passer: je vais dire ceci, répondre cela, prendre telle attitude,...

Ces monologues sont une confrontation avec l'autre en nous; cet autre que Jung a appelé "personna" et qui en débat avec la conscience, se crée un théâtre imaginaire de situations où les craintes, les peurs, les suppositions abondent! L'imagination va donc bon train. Ce qui se passe intérieurement devient aussi réel pour la personne qui le vit que la réalité elle-même: c'est "son réel" personnel qui se joue.

Souvent, nous revivons ainsi en pensée les événements porteurs d'un passé récent ou lointain, événements qui ont donné naissance à des sentiments agréables ou non et qui ont laissé leurs traces. Les images qui en découlent sont porteuses de nos perceptions de la vie. Revitalisées par l'imagination, ces images resurgissent en mises en scène imaginaires.

---

[5] C.G. Jung, rapporté par André Nataf, <u>Jung, Le monde de...</u>, Paris, Ed. MA, 1985, p. 22.

L'imaginaire en jeu fourmille de transpositions et de transformations possibles et... impossibles ! Il nous renvoie un ailleurs grâce auquel nous pouvons agir, construire, en toute liberté, une autre réalité dans laquelle s'inscrivent nos désirs, nos fantasmes, nos fantaisies, au rythme que nous voulons bien leur donner.

«Il y a en nous, dit Elie Humbert, une source d'information considérable qui ne nous vient que par les images.»[6] L'imaginaire est un champ de liberté de l'image.

"Batman" Nicolas - 6 ans

---

[6] Elie G. Humbert, La dimension d'aimer, Paris, Cahiers Jungiens de psychanalyse, 1994, p. 67.

Peindre et... faire appel à son imaginaire

> «L'être humain s'enracine dans les choses lorsqu'il cesse de les voir comme des choses et les appréhende comme une part de lui-même.»[7]

Céline, 32 ans, a fait le choix du langage plastique pour libérer certaines tensions intérieures qui rendaient difficiles ses relations aussi bien avec elle-même, qu'avec les autres. Elle est donc venue peindre à mon atelier pendant plusieurs semaines. Après quelques séances, je constate que chacune de ses peintures comporte l'élément "chaise". Celle-ci, fort probablement, est devenue pour Céline un symbole moteur.[8]

De séance en séance, les mises en scène se sont complexifiées. Les chaises sont parfois empilées les unes sur les autres et font naître sur la page une gigantesque pyramide; d'autres fois, elles sont alignées les unes à côté des autres ou encore enchevêtrées dans un immense désordre. Elles évoquent tour à tour l'organisation, la structure ordonnée, le désordre, la confusion. Selon leur arrivée sur la scène que représente la page blanche, elles symbolisent la solitude, le désir du dialogue et de l'étreinte, la mésentente, la désorganisation intérieure, bref, chacun des états émotifs vécus par Céline. Au fur et à mesure des séances, les chaises peintes, devenues objets et sujets montrent la colère contenue et rarement exprimée, témoignent des destructions désirées et des négations au plaisir de l'existence.

A travers l'expression de cette symbolisation personnelle, Céline était entrée en dialogue avec elle-même. Elle s'est ainsi approprié petit à petit ce qui se passait en elle. Elle est devenue plus calme, davantage capable de vivre sa réalité ; sa symbolique personnelle a changé de direction. Son théâtre intérieur apaisé, Céline pouvait recommencer à rêver sans être obsédée par le rêve.

---

[7] James Hillman, La Beauté de Psyché, Montréal, Ed. Le Jour, p. 133.

[8] Carl Jung définit les symboles moteurs comme étant générateurs d'énergie qui construisent et orientent l'action.

Elle avait donné prise à sa réalité comme Bruno avait su le faire lorsqu'il a délaissé Raton pour exprimer autrement son moi qui avait grandi.

Promenons-nous dans l'imaginaire...

> «S'il n'y a pas changement d'images, union inattendue des images, - ce qui est le rôle de l'imagination - il n'y a pas d'action imaginaire.»[9]

Aller chercher le regard imaginaire, c'est aller au-delà de l'image première et entrer dans "l'image imaginée". Agir ainsi, c'est gérer son potentiel intérieur.

Mais de quelle façon nourrissez-vous votre imaginaire? Y a-t-il un tableau qui vous fait rêver et vous renvoie à vous-mêmes, à vos émotions et à vos désirs profonds? Y a-t-il une photo, un livre, une phrase, un mot qui vous interpelle très fort, à partir duquel vous sentez votre imaginaire se mettre en action?...

Quelle est la symbolique, la mythologie, la poésie ou la musique qui éveille en vous des profondeurs toujours nouvelles et auxquelles vous allez puiser vos forces imaginantes?

Et où donc s'en vont vos rêves et vos images rêvées? Dans quel pays voyagent-ils? Vous reviennent-ils enrichis de nouveaux horizons?

En voyant les enfants se mouvoir dans l'imaginaire avec tellement d'aisance et en tirer un si vif plaisir, nous ne pouvons que les envier! C'est très souvent en jouant –ce qui, après tout est leur métier– qu'ils se permettent d'aller dans ce monde de l'irréel, en ignorant toutefois qu'ils s'approprient ainsi leur réalité. Alors, comme les enfants, prenons appui sur nos connaissances pour activer notre imagination et pénétrer notre zone imaginaire!

---

[9] Georges Jean, Pour une pédagogie de l'imaginaire, Paris, Ed. Casterman, 1991, p. 24

Chapitre 5

Du réel à l'imaginaire...de l'imaginaire au réel

Dans la première enfance, l'imaginaire s'exprime donc par le jeu, où l'action imaginée transporte l'enfant dans un ailleurs... imaginaire. Ces jeux, appelés jeux de fiction ou jeux symboliques, accompagnent la phase de l'acquisition du langage. A cet âge, l'enfant se nourrit de rêveries provenant des contes, des histoires, des activités qui rencontrent son monde sensible et émotif.

Le jeu du loup

> «Si les enfants peuvent "décharger" leurs tensions en jouant, cet écoulement n'est rendu possible que parce que, dans l'échange avec autrui, le jeu prend signification.»[10]

«Promenons-nous dans le bois ... pendant que le loup n'y est pas.»

Ce jeu-chanté bien connu, met en scène un loup imaginé, un loup caché qui répond aux sarcasmes de l'enfant et s'apprête à apparaître pour venir le manger ou tout au moins lui faire peur.

Aucun éducateur ne niera que ce jeu amuse, excite et rend fébrile tout enfant qui s'y prête. Il le projette dans un ailleurs existant par son imagination. C'est le travail de l'imaginaire qui entre en action et provoque l'état de peur et de fébrilité. Lorsque l'enfant se promène, surveillant l'arrivée du joueur "loup", des sensations l'assaillent: Y est-il? Arrive-t-il? Où se cache-t-il? Est-il derrière moi? Des tensions émotionnelles font surface. La promenade imaginée, dans un bois imaginaire, se transforme dès lors en une réalité vécue intensément.

«Si le loup y était ... il nous mangerait!» Alors là, c'est un comble! La connaissance ontologique de ce qu'est un loup, une bête dangereuse, méchante, capable de manger des enfants, prend de plus en plus d'ampleur dans l'imaginaire. Tous les pos-

---

[10] Co-dirigé par Jean-Adolphe Rondal et Michel Hurtig, <u>Introduction à la psychologie de l'enfant</u>, Paris, Pierre Mardaga éditeur, p. 572

L'imaginaire

sibles imaginés habitent la réalité du moment. Pour l'enfant, la différence entre la réalité et le réel imaginé n'existe plus. Il n'a qu'une attention intuitive : se défendre du loup, ne pas se laisser saisir et dévorer.

Les forces imaginatives créent une autre réalité : une promenade imaginée à laquelle l'enfant s'est prêté avec plaisir devient une promenade menaçante, voire même dangereuse... et le danger "imaginaire" devient aussi réel pour l'enfant que si le loup était vraiment présent ! Passant par le réel, l'imaginaire a pris du pouvoir !

Nicolas - 7 ans

«Promenons-nous dans le bois ...
pendant que le loup n'y est pas.
Si le loup y était ...
il nous mangerait !»

Chapitre 5

Pour se tirer d'affaire, l'enfant aura spontanément recours à ses forces créatrices, à ses puissances fantasmées : «Je suis plus fort que toi loup, je vais te tuer». Il arrive que certains enfants se précipitent avec force sur le "loup enfant" et tentent de le mettre au sol. Ainsi, dans sa peur, l'enfant se sent plus puissant que le loup et lui règle son compte ! D'autres, parfois, font appel aux forces tutélaires : «Si tu t'approches de moi, loup, mon père qui est très fort te mettra en morceaux.» Le père brille ... par son absence. Et voilà. Retrouvant des forces imaginantes, l'enfant les utilise pour s'en donner de bien réelles.

Ce genre de jeux dramatiques confrontent l'enfant à lui-même. Il peut ressentir aussi bien de la puissance que de l'impuissance. Il aime les effets que lui procurent ces sensations. La preuve ? Il en redemande ! Pourquoi ? Parce qu'il se sent vivant, aux prises avec ses émotions et ses forces auxquelles il n'a pas nécessairement recours quotidiennement. Ces jeux le révèlent à lui-même. Ainsi, par une mise en scène, l'enfant apprend à se connaître, à mettre son énergie créatrice à son service afin de repousser l'agresseur. Dans l'échange avec autrui, le jeu prend signification.

L'exemple du jeu du loup, nous fait voir qu'une symbolique archétypale y est attachée et que, par une mise en scène, l'enfant devient capable d'une emprise sur l'image que cette symbolique perpétue. De vilains méchants loups, l'enfant en rencontrera dans sa vie... peut-être pourra-t-il, grâce à ses jeux d'enfance, les reconnaître et les combattre efficacement...

Le très jeune enfant craint parfois de tels jeux, car il ne possède pas encore l'énergie créatrice adéquate pour contrer ce "réel-imaginé". Pour lui, ces jeux qui réclament la représentation en acte, "faire le loup" ou le passage à l'imitation libérée de son contexte, "devenir la proie désirée par le loup", ne lui procurent pas encore une décharge de tensions. Il est sage, il refuse tout simplement de jouer et il ne faut surtout pas réclamer sa participation !

Lorsque cet enfant aura environ deux ans et demi, tous les jeux de peurs et de cachettes, les jeux de "j'existe" et puis, "je disparais", prendront de l'importance et viendront satisfaire chez lui son monde imaginatif en éveil et son monde créatif en désir de se manifester.

Voilà pourquoi **il est nécessaire que les adultes se préoccupent de fournir aux enfants des moyens d'expression en leur proposant des jeux qui font appel à leur imaginaire et par lesquels ils libèrent leur trop-plein émotionnel qui a besoin d'exutoire.**

Alicia - 6 ans

Malheureusement, beaucoup d'adultes craignent encore l'imaginaire. Il faudrait qu'ils voient le plaisir et les forces imaginantes que chaque enfant déploie pour prendre en main ses propres images, pour les transformer en jeu, du réel à l'imaginaire et de l'imaginaire au réel ; ils comprendraient alors que l'enfant a tout ce qu'il lui faut pour faire face à sa réalité.

L'imaginaire et la création sont les seuls recours contre la réduction de l'être humain ; autrement, il ne serait qu'un producteur et un consommateur. Au jeu du réel que nous sommes tous appelés à vivre, nous avons absolument besoin que l'imaginaire nous apporte... de l'air !

Chapitre 6.

L'imaginaire en mutation

«Il est certain que si l'imaginaire n'était pas au pouvoir, demain ne serait que la conséquence d'aujourd'hui. Grâce à elle, nous pouvons entrevoir des possibles différents mais surtout nous pouvons agir pour faire de ces possibles, des réalités.»[1]

Nos jeunes: des fans d'images...

De tous temps, l'imaginaire des enfants a été nourri d'histoires. Ils ont adoré E.T., le Roi Lion et d'autres personnages de Disney, ainsi que les héros de contes de fées. Par contre, nous constatons que de décennies en décennies, les images changent et c'est peut-être leur nouveauté qui vient nous déranger! C'est donc une réalité qui réclame notre attention, notre questionnement et c'est avec cette réalité que nous devons jouer notre rôle d'éducateur.

---

[1] Albert Jacquard, Petite philosophie à l'usage des non-philosophes, Paris, Ed. Calmann-Lévy, 1997, p. 89.

Chapitre 6

Lorsque les enfants regardent un film ou une vidéo – et dieu sait s'ils en voient souvent – ils deviennent intensément attentifs, à tel point que parfois, ils n'entendent même plus les personnes qui s'adressent à eux. Ils sont dans une bulle! L'image, le mouvement, ce qui s'y passe, tout les fascine. Ils peuvent revoir de multiples fois les mêmes scènes et ne semblent pas s'ennuyer. Au contraire, ils sont heureux d'anticiper la scène à venir comme s'ils venaient de la créer eux-mêmes!

Selon le contenu des histoires, les sentiments et les émotions des petits "regardeurs" se trouvent plus ou moins sollicités. Leurs héros et héroïnes vivent "à leur place" et ils se permettent de rêver, d'écouter le cœur battant et d'essayer de tout capter sans perdre un souffle...

Ils font plus ou moins un transfert d'expériences.

Lorsqu'ensuite dans leurs jeux de création, ils imitent ces personnages ou les actes posés, ils sont tout simplement dans une réalité rêvée, réalité qui parfois les amène à devenir aussi bien guerrier que cavalier, aussi bien le bon que le méchant, aussi bien le fort qui capture que le courageux qui fait face aux difficultés.

Cette fuite du réel peut certainement porter ses fruits et nourrir l'imaginaire des enfants, mais elle ne doit pas pour autant se répéter à l'infini. Comme en toute chose, une juste mesure s'impose!

Des communications autrefois inusitées

Les enfants d'aujourd'hui possèdent un vocabulaire et tiennent des propos souvent déroutants –ou au moins questionnants– pour les éducateurs, qu'ils soient parents ou enseignants.

L'imaginaire en mutation

Jérémie six ans, dessine tout en parlant : « c'est le futur, 1500 années de brouillard... un vaisseau terre, téléguidé. A l'extrémité, des radars : c'est ça qui peut faire éclater la base militaire. Cette boule permet de téléguider le radar par cette antenne-là (Jérémie la désigne). Il y a une base sous terre... du feu qui permet de brûler la terre... », etc.

Jérémie est un adepte de la vidéo. Il en mange, il en rêve, si bien qu'il fait d'énormes colères lorsqu'on lui demande de fermer la télé.

Un réel problème se pose souvent dans ce genre de fictions : l'imaginaire ne rencontre pas le réel. Le sang répandu par toutes sortes d'armes magiques ne témoigne pas de la souffrance des êtres. L'accent est toujours mis sur la victoire de ceux qui, plus gros, plus forts, plus malins – représentés par des personnages irréels, des super puissances déguisées – ont le pouvoir de toujours prendre le dessus, de tout dominer.

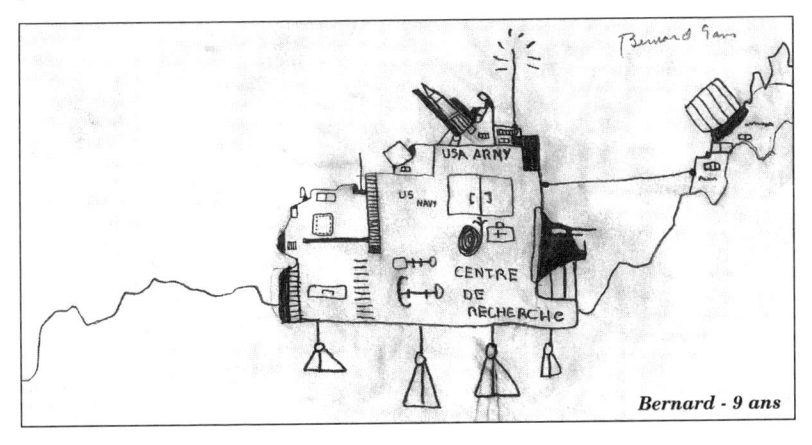

Bernard - 9 ans

Lorsque les enfants sont nourris d'images de guerres et de carnages, leur imaginaire en est naturellement préoccupé. Leurs discours et leurs dessins prennent couleur de sang, évoquant la puissance, la vengeance, la destruction.

Aux prises avec de multiples images qui passent avec une rapidité époustouflante, l'imagination navigue à toute vitesse... Elle navigue du réel à l'imaginaire et de l'imaginaire au réel. Le jeune spectateur qui ne peut arriver à gérer ses états émotifs devient énervé, tendu, inabordable; il est subjugué et ne veut pas quitter l'écran.

Faut-il pour autant le bannir, ce petit écran? Certainement pas! Tout n'est pas nocif, loin de là. Nous devons donc demeurer vigilants et savoir choisir ce que nous voulons que nos enfants regardent. Nous n'avons pas le droit d'ignorer les effets que certaines émissions ou certains films provoquent sur eux.

Les émissions de télévision, les films vidéo, les Nintendos, les bandes dessinées influencent grandement l'imagination des enfants. Certaines images et les sons qui les accompagnent n'ont pour fonction que d'exciter les sens, de faire passer des courants électriques, en quelque sorte. Et cette électricité influence les comportements...

L'exemple suivant m'a fait beaucoup réfléchir.

Des imitateurs nés

J'assistais un soir à une rencontre scolaire qui réunissait parents et enfants d'une classe de deuxième année. Chaque enfant présentait une recherche qu'il avait effectuée.

On avait également prévu un moment de spectacle: deux petits garçons, âgés de sept ans, imitaient un chanteur rock bien connu, l'un de ceux qui font crier les foules et les rendent parfois hystériques! A l'aide d'une guitare et prenant les poses du chanteur, ces enfants se sont contorsionnés à qui mieux mieux sur une chanson qui évoquait l'amour passion... Bien sûr, c'était rigolo. Ils imitaient très bien et savaient pousser les mêmes cris rauques que le chanteur. Pour donner une telle représentation, ils avaient dû répéter souvent... Nous les avons bien applaudis et ils ne demandaient qu'à recommencer...

J'étais cependant perplexe: comment ces deux petits allaient-ils se calmer? Ils étaient seuls dans le couloir de l'école où je les ai retrouvés. Leur nervosité et leur excitation n'avaient pas de borne. Ils riaient très fort, criaient, se culbutaient, recommençaient à mimer le joueur de guitare, ne voulant pas perdre leur "feeling" et, se donnant de grandes claques dans le dos, ils se félicitaient de leur performance.

Pendant ce temps, leurs copains, leurs copines de classe, continuaient à montrer leurs travaux. Mais eux n'y étaient pas, ils étaient partis dans un autre univers, celui qu'ils voient à la télévision, un univers de vedettes aux prises avec un ego démentiel.

On avait voulu faire plaisir aux enfants, aux parents; on avait respecté le désir de ces deux petits d'imiter ce chanteur énervé et débile, mais on n'avait pas prévu comment les encadrer et comment leur faire récupérer un certain calme après leur démonstration.

Les nouveaux contes de fées...

Certes, la culture actuelle propose, ou impose... des scènes souvent violentes, mais ce n'est pas tout à fait nouveau! Les bons et les mauvais se sont toujours affrontés, même dans les contes de fées. La différence réside dans le fait que les lieux évoqués il y a quelques décennies prenaient référence dans une mythologie connue, évoquant des symboles millénaires: la grotte, la caverne, le labyrinthe, des lieux sombres qui appartenaient tous à la terre ou encore à la mer. Cette mythologie ne nous a pas quittés, mais elle s'est enrichie peu à peu de tout ce qui concerne l'univers du ciel... Ce qui appartient à l'espace suscite l'imaginaire d'une nouvelle façon... Jules Verne était un visionnaire!

Chapitre 6

Mathieu, cinq ans, fait du modelage. Je l'écoute discourir : « C'est un labyrinthe qui cache un trésor. N'importe quel "Power Angels" (sic) va protéger la ville et la sorcière veut le tuer parce qu'elle protège... le monstre.... Elle lance des boules de feu et beaucoup de fumée sort. Les méchants arrivent mais ils ne peuvent pas la tuer.»

Discours décousu, où viennent cohabiter monstres, sorcières, "Power Rangers" et boules de feu ! Mais discours combien révélateur des images et des sentiments qui se bousculent dans la tête et le cœur de l'enfant qui fait même appel à une sorcière pour protéger un monstre !... Avouons que nous ne sommes pas loin des contes de fées ! Serait-ce une nouvelle mythologie qui s'installerait et révélerait l'âme de cette fin de siècle ?

Stéphane - 8 ans

Un phénomène d'ostracisation

Dans le but de s'approprier leurs images, les enfants explorent de multiples façons et de préférence lorsqu'ils sont en groupe : ils s'excitent et échangent leurs connaissances sur la violence, la mort, la destruction, les cataclysmes, le suicide, le divorce et sur bien d'autres sujets qui préoccupent leur vie affective. De plus, certains gestes viennent ponctuer leurs propos, des gestes incongrus, parfois même inacceptables lorsqu'ils prennent des attitudes de tueurs. La compétition est également de mise et c'est à qui sera le plus excentrique, le meilleur mime et le plus à la page des dernières nouveautés.

Certains vont jusqu'à imiter l'adulte, le matamore, pensant dominer ainsi ce qui les inquiète. Bien sûr, ils le font souvent en riant, en se tapant sur les cuisses, en grimaçant et se moquant ; ce qu'ils expriment les préoccupe et les intrigue cependant, car ils n'en connaissent pas tout le contenu. Cette partie qui leur échappe crée un vide dans leur imaginaire, un vide qu'ils tentent ainsi de combler. Car l'imaginaire, s'il ne peut aider la réalité devient obsédant.

Ces enfants aimeraient résoudre les énigmes de ce qu'ils ne peuvent encore comprendre et, pour y parvenir, ils pratiquent l'ostracisme des images qui les perturbent.

Les images exprimées par l'un ou l'autre des langages doivent être accueillies sinon elles resteraient enfouies dans le psychisme et on ne peut prévoir ce qu'elles y fomenteraient.

Chapitre 6

Accepter que les enfants se disent
Les ateliers de création favorisent l'explosion de ces images.

Guillaume, six ans, est un enfant fort intelligent qui vit depuis quelques mois une situation familiale perturbante. Il en résulte pour lui une grande nervosité qui le rend incapable de tenir en place !

Lors d'une séance d'expression créatrice en atelier, utilisant marqueurs et peinture sur le même papier support, Guillaume représente des scènes de guerres et de destructions. «Je fais des édifices qui enferment des méchants hommes qui veulent détruire la ville et qui sont gardés par des missiles très lointains ; ces hommes voient à travers les murs et peuvent commander aux missiles dans le ciel ; chaque fois, ils s'organisent pour bombarder les bons hommes de la ville...» Du même souffle, l'enfant continue : «Puis le feu prend dans tous les édifices et les bons doivent s'enfuir parce qu'ils seront détruits par les méchants qui veulent les enfermer.»

Guillaume n'est pas le seul à dessiner ainsi. Nombreux sont les enfants, particulièrement les garçons, qui expriment des images de peur, de violence, de puissance réussie ou avortée, à partir d'un monde imaginaire, celui d'un ciel habité de vaisseaux et de puissants missiles. Exorcisme des puissances et des peurs qu'ils ressentent ? Oui, bien sûr. Mais ils expriment aussi ce qui les fascine, ce qui, tout en exerçant de l'attrait sur eux, confronte leur imaginaire et leur réel. Les producteurs de science-fiction le savent bien !

L'inconnu fascine, mais il insécurise aussi. L'interplanétaire nous déstabilise. Nous nous sentons projetés hors de ce monde et les nouveaux guerriers, des héros auxquels on attribue de nouveaux pouvoirs magiques, grâce à leur intuition(!), nous laissent souvent pantois. Ces héros témoignent d'une capacité à utiliser des armes chimiques qui apparaissent subitement et disparaissent aussi rapidement. Tout ceci par enchantement... Des armes surpuissantes salvatrices mais la plupart du temps meurtrières. Que d'inconnu et de fascination!

Devons-nous laisser les enfants jouer à la guerre et les laisser dessiner, peindre, modeler des scènes de violence? Peuvent-ils jouer à Batman, peuvent-ils imiter les "Power Rangers"? Pourquoi n'inventent-ils pas des scènes rassurantes... pour nous, pour nous faire plaisir et faire taire nos inquiétudes! Nous n'aimons pas les entendre raconter ces tueries, voir leurs petites figures se contorsionner, entendre leurs sons gutturaux, etc.

Pourtant, le risque serait grand de refuser l'expression des images des enfants car, à la longue, ils s'en libéreraient mais peut-être le feraient-ils de façon belliqueuse et parfois sur d'autres êtres. Les journaux témoignent quotidiennement de faits commis par des jeunes... qui ont vu faire...

Tant de choses se passent et ... passent tout aussi rapidement. Quelles sont au juste nos propres peurs devant tout cela?...Avons-nous le temps de bien réfléchir aux valeurs que nous désirons apporter?

Tout est dans la relation, c'est bien connu!

> «Les images, écrit James Hillman, sont simplement ce qu'elles sont, il n'est pas possible de porter des jugements, d'opter pour l'une, de s'opposer à l'autre. Il n'y a rien à affirmer ou à nier, pas d'accusations à porter.»[2]

Les enfants doivent s'exprimer, oui mais...

Ils doivent liquider leurs vives sensations de façon acceptable. Ceci est fort important. Certes, il ne faut surtout pas priver les jeunes de se dire, mais il est une norme à laquelle nous ne

---

[2] James Hillman, La Beauté de Psyché, Montréal, Ed. Le Jour, 1993, p. 202.

devrions pas échapper : il est préférable d'être présents, nous, adultes responsables d'enfants, afin qu'ils ne soient pas seuls dans leur détresse et leurs élucubrations mentales. Nous devons être capables de les recevoir, de répondre sincèrement à leurs questions ou, tout simplement, d'être là en cas de besoin. Somme toute, être une personne "référente", qui ne condamne ni ne provoque d'éclats à partir de leurs propos.

Voilà pourquoi il est nécessaire que nous nous fassions personnellement une idée de ce qui est l'acceptable et l'inacceptable pour nous et la société que nous formons. C'est en regard de nos valeurs et de notre conscience que nous pouvons trouver la réponse. Quand un enfant débite ce fourbi qu'il possède dans la tête et qu'il est en pleine expression verbale, il ne fait de tort à personne et il se libère. Il se libère d'autant mieux si quelqu'un l'écoute et parle avec lui. Ainsi, la sécurité affective de l'enfant s'appuie sur celle de l'adulte qui l'écoute. Si cet adulte est en accord avec la vie, le respect, la beauté des êtres et des choses, l'enfant refera la paix en lui-même. Il aura un port d'attache.

Il est nécessaire de parler et de reparler avec les enfants de ce qu'ils voient, de ce qu'ils entendent. Il faut s'intéresser à ce qu'ils nous disent de leur vision du présent et du futur. Nous devons vérifier s'ils sont capables de faire le point par eux-mêmes entre les images du réel et de l'imaginaire qui les habitent. Et surtout, ne jamais les blâmer d'exprimer ce qu'ils ont en eux.

Il ne nous reste qu'à témoigner de notre propre pensée et à demeurer vrais avec nous-mêmes et avec eux, sans plus.

Des activités qui libèrent l'expression

> «Vive la "civilisation de l'image" s'il s'agit d'images produites par notre propre imagination ! Mais méfions-nous de la "civilisation de l'image" lorsque ces images sont semblables à des produits surgelés fabriqués par d'autres et reçues passivement.»[3]

L'action créatrice engage aussi bien le monde sensori-moteur de l'enfant que son monde affectif et cognitif favorisant ainsi l'émergence de nouvelles perceptions. Les jeux de l'imaginaire, les jeux d'activités intellectuelles qui utilisent la parole pour se dire, les jeux de création par le dessin, la peinture, les jeux "du faire semblant", les jeux de rôles, les jeux dramatiques, sont libérateurs du trop plein d'images. Lors de ces jeux, des voies pour se dire s'entrouvrent et les enfants qui les empruntent sont en pleine expression des sentiments et émotions que les histoires visualisées ont fait naître en eux.

Ces jeux de créativité provoquent chez les enfants de nouvelles façons de voir et de faire les choses. L'imagination communique des images à l'intelligence qui est ainsi stimulée et entrepose de nouveaux savoirs. C'est en s'exprimant que l'enfant vérifie l'authenticité de ses connaissances, ce qui a pour effet de l'aider à équilibrer vie imaginative et réalité.

Lorsqu'il est en activité de création, l'enfant se voit faire, il s'entend dire et par le fait même, organise ce qui se passe en lui, met de l'ordre dans ses images et découvre la puissance qu'il peut avoir sur ses pensées. Il développe ainsi le sentiment d'être celui qui prend possession de sa vie intérieure et qui domine ce qui se passe en lui. D'une certaine manière, nous pouvons dire qu'en activité créatrice, l'enfant se trouve toujours en "processus de création de lui-même".

---

[3] Albert Jacquard, <u>Petite philosophie à l'usage des non-philosophes</u>, Paris, Ed. Calmann-Lévy, 1997, p. 91.

Chapitre 6

Une bêtise... récupérée !

Un jour, Nicolas et Martin, deux jeunes de dix ans arrivent avant l'heure à l'atelier. Ils sont pensifs, peu volubiles. Je prépare le matériel puis je m'assois près d'eux. Nicolas me demande ce que je pense de l'histoire suivante. Dans la cour d'école, un prof de gym avait demandé à un enfant de leur groupe, de se tenir à la barre ; celui-ci s'était exécuté, mais ne connaissant pas la technique, il mit ses deux mains par-dessus au lieu de les glisser en dessous. Le prof de gym s'est alors permis de narguer l'enfant, de le ridiculiser en lui demandant de recommencer ce même geste pour que tous le voient, sollicitant ainsi les autres enfants à rire de lui.

Mes deux gamins en étaient outrés. Pour eux, ce comportement du professeur était inadmissible. C'était humiliant pour leur copain.

Je ne pouvais que leur donner raison ! Eh bien, ce soir-là à l'atelier, ce prof de gym, sans qu'il soit identifié, a fait l'objet de leur catharsis. Chacun a sommairement construit un personnage à qui il a fait subir des tortures : bras arrachés, coups dans le cœur, tête tranchée, etc. La violence était au rendez-vous et s'incarnait symboliquement... et, peu à peu, la colère des garçons fut évacuée. Cet exutoire leur avait permis de faire de la place en eux à des images moins perturbantes. Le calme et la sérénité s'installaient. À la sortie de l'atelier, ils étaient joyeux, redevenus enfants, sans hargne et prêts à faire face au lendemain.

Être tout simplement là... C'est à nous de savoir recevoir ce qu'ils ont à dire, ces petits, eux qui se font dire tant et tant de choses par les uns et les autres et qui ne comprennent pas très bien ce qu'on attend d'eux et ce qu'on accepte ou n'accepte pas de leur comportement. Il faut qu'ils soient informés de ce que l'on pense et attend d'eux. Ainsi, ils pourront se situer et s'identifier en toute sécurité. Je les vois parfois si affolés... A qui peuvent-ils s'adresser tout en restant ce qu'ils sont, avec leurs angoisses, leurs projets, leur questions?

L'activité de modelage:
une expérience enrichissante, pour moi, pour les enfants

> «Toute action pédagogique est réciproque et dialectisée. Celui qui est en position d'enseignant n'apprendra jamais rien à ceux qui sont en face ou autour de lui s'il n'apprend rien d'eux.»[4]

Parmi différents moyens d'expression, le modelage est peut-être celui qui favorise le plus l'expression d'images "souterraines". Ces images qui désirent sortir de l'ombre pour exprimer des sentiments profonds, lourds à porter pour des enfants... et parfois aussi pour les adultes. Des images qui évoquent des sentiments de peur, de tristesse, de colère, de répugnance, d'impuissance, qui, par la créativité, peuvent trouver un exutoire.

Jung lui-même utilisait souvent des moyens d'expression tel que le modelage pour trouver ce qui troublait son âme et il nous a laissé ces lignes: «Dans la mesure où je parvenais à traduire en images les émotions qui m'agitaient, c'est-à-dire à trouver les images qui se cachaient dans les émotions, la paix intérieure s'installait en moi.»[5]

Je vous raconte l'anecdote suivante que j'ai vécue lors de mes ateliers de créativité avec un groupe d'enfants, des garçons, âgés de dix à treize ans. A cet âge, l'attrait pour la peinture libre et spontanée commence à diminuer quelque peu. J'ai donc pensé leur offrir de la terre sans cuisson. En général, les garçons davantage que les filles aiment la manipulation de la terre et les travaux de construction.

---

[4] Georges Jean, <u>Culture personnelle et action pédagogique</u>, Paris, Casterman, E3, 1978, p. 16.
[5] C. G. Jung, <u>Ma vie</u>, Paris, Ed. Folio, 1973, p. 206.

Chapitre 6

Semaine après semaine, les neuf garçons du groupe se présentaient aux ateliers, très motivés pour le travail d'argile qui les attendait. Ils avaient deux heures devant eux. Connaissant leur fonctionnement, j'énonçais chaque fois la consigne suivante : vous êtes libres de modeler ce qu'il vous plaîra, libres aussi de détruire votre travail et de le recommencer autant de fois que vous le désirez. Cependant, lors des trente dernières minutes, chacun de vous devra produire quelque chose qui restera ici, à l'atelier.

Cette consigne était née du constat suivant : j'avais vu que chaque enfant de ce groupe prenait plaisir à construire, puis à détruire ce qu'il faisait. Ce qui m'avait évidemment questionnée ! Cette façon de faire était toujours accompagnée de nombreux propos qu'ils échangeaient entre eux. Les thèmes qui circulaient étaient de leur choix : la guerre, le monde spatial, les missiles destructeurs, le monde des salles d'opération, les attentats et les accidents spectaculaires, etc. Les enfants prenaient un réel intérêt à imaginer toutes sortes de scènes, plus ou moins fictives qu'ils construisaient seuls ou collectivement. Les thèmes évoqués prenaient la plupart du temps leur source dans les événements du moment, événements historiques, on le sait maintenant. Nous devons donc être bien conscients de l'intérêt que portent les enfants à l'actualité.

La plupart des adultes pensent que les enfants ne se préoccupent pas de ce qui se passe dans le monde ! Ils ont bien tort ! Cette expérience m'a appris qu'ils en sont très préoccupés, et ce, de plus en plus jeunes. Toutes les informations qui entrent plusieurs fois par jour dans les maisons et auxquelles nous avons accès, parfois bien malgré nous, ne rencontrent pas des enfants sourds ou aveugles ! Ces enfants de mes ateliers avaient besoin d'exutoire comme tous les enfants du monde.

A l'époque dont il est question ici, le pape avait été attaqué, le président des Etats-Unis avait lui aussi subi un attentat, la guerre sévissait dans plusieurs pays et le petit écran témoignait des multiples violences faites aux humains. De plus, les découvertes dans l'espace et les explorations commençaient et fascinaient les adultes. On était allé sur la lune, tous les espoirs étaient donc permis. Les planètes prenaient du poids !

Ces jeunes étaient nourris d'images puissantes, parfois obsédantes. Ils sentaient le monde en ébullition. Alors, qu'exprimer sinon ces émotions et ces sentiments qui —ils le voyaient bien— envahissaient les médias et les propos des adultes tout en les laissant curieux d'en savoir davantage.

Quelques-unes des scènes modelées :

* Constructions de personnages miniatures, qu'on larguait ensuite du haut des airs et qui tombaient dans des tours labyrinthiques, des puits profonds ou des fosses à lions.

* Constructions d'engins de guerre, de tanks, de camions, de jeeps remplis à ras bord de personnages minuscules qui allaient subir des tortures : se faire empaler sur des curedents et entassés dans des véhicules de guerre pour être ensuite jetés dans des fosses, ou encore acculés au mur et percés de flèches, etc.

* Constructions de scènes d'hôpital : brancards, objets de chirurgie les plus invraisemblables, invention de machines à soigner qui torturent,... et je pourrais allonger la liste.

L'imaginaire, l'imagination et la créativité au service de la torture et du meurtre le plus cruel possible ! Il y avait bien sûr au point de vue des thématiques, un phénomène d'entraînement par le groupe, ce qui n'empêchait aucunement le travail personnel de chacun. Au niveau technique, leur habileté ne rencontrait plus d'obstacles. Ils savaient faire et en jouissaient. Ils étaient habiles et ingénieux et organisaient des mises en scène à la fois précises

Chapitre 6

et spectaculaires. Beaucoup de constructions et encore plus de déconstructions ! On prenait aussi bien plaisir à l'une qu'à l'autre !

Il va de soi que notre action éducative doit toujours s'orienter vers la construction. Pourtant, il est nécessaire d'accepter parfois la déconstruction afin de permettre à des éléments nouveaux d'apparaître car, souvent, ils font état du vécu émotionnel de l'enfant. Je crois que les éducateurs doivent entrer dans le monde destructeur des enfants non pas pour les y encourager, ou leur en faire prendre conscience de façon moralisatrice, mais plutôt pour leur donner des moyens de se dire et, de ce fait, de mieux se connaître. Ceux qui détruisent ont besoin de notre affection et de notre attention, pour devenir capables de se remettre à construire. Ce qui évidemment réclame plus de patience de notre part, mais ce qui est, de soi, toujours bien gratifiant !

A partir de leur propre dynamisme, de ce que les enfants mettent en scène, il nous faut trouver la voie de la construction. A travers l'observation, l'écoute attentive, nous percevons souvent l'élément positif vers lequel orienter nos actions. Observer, toujours observer, car sans l'observation, l'intervention risque le vide !

Sur le plan du verbe, tout se disait ! Les enfants n'avaient plus de tabou et ils révélaient leurs pensées sur des sujets préoccupants pour eux : la sexualité, l'injustice, ce qui se passe en prison, les tortures, les guerres, etc. Ils n'acceptaient pas d'abus. L'un d'entre eux, le plus âgé avait essayé de pousser l'horreur plus loin... mais personne n'avait voulu qu'il prenne ce chemin. Savez-vous de quoi il s'agissait ? De la torture d'un chat !! On ne pouvait toucher aux animaux...

Il y avait bien sûr relâchement, défoulement, mais c'est ainsi que j'apprenais à connaître ce qui les habitait et ce qui les préoccupait.

Sur le plan de la discipline, tout allait sur des roulettes! Intéressés à construire, ils étaient surpris lorsque je rappelais la consigne de base car, à leur avis, le temps passait trop rapidement. Ils se conformaient alors avec beaucoup de calme et ne détruisaient plus rien. Fièrement, on m'apportait ce qui devait rester un témoignage de leur capacité de construire...

Ce manège a duré environ deux mois, à raison d'une séance par semaine et, peu à peu, ils se sont désintéressés de ces jeux. C'est ce même groupe qui, en fin d'année a produit un admirable collectif: un superbe zoo. Ils avaient acquis beaucoup d'habileté à travailler la terre et, que voulez-vous, ils aimaient les animaux!

Nous parlons devant les enfants, nous racontons des scènes de violence, le petit écran ne se gêne pas pour nous en donner à foison, les films contiennent aussi des violences gratuites, inadmissibles! Où donc ces enfants qui grandissent peuvent-ils raconter ce qui les préoccupe, exprimer ce qui les angoisse et trouver les moyens "d'ostraciser" leurs peurs? Si nous sommes des éducateurs, nous ne pouvons faire les autruches. Cet état de fait existe et nous avons à y faire face.

Ces enfants m'ont fait comprendre qu'ils avaient en eux une immense tendresse, mais qu'ils avaient aussi une immense détresse faite de peurs, de sentiments d'impuissance à se livrer. Ils avaient besoin de dire ce qui les préoccupait dans le monde et aussi dans leur petit monde à eux! Ils ne pouvaient tout saisir, pas plus que nous d'ailleurs! En voyant leurs pairs vivre les mêmes angoisses qu'eux, ils se sentaient rassurés. Ils n'étaient plus seuls. La satisfaction des enfants est venue confirmer mon attitude: ils sont bien dans leur mise en œuvre. Je dois leur faire confiance, ils sont capables de signaler ce qui leur plaît et ce qui les perturbe, car je leur laisse la parole.

Chapitre 6

Pas d'action éducative sans questionnement

Devrait-on laisser faire les enfants qui s'expriment ainsi et jusqu'à quel point? Voilà une question qui m'a beaucoup préoccupée et sur laquelle je me suis longuement interrogée.

Sans cesse, je me posais des questions:

*Que se passe-t-il à l'intérieur d'eux-mêmes?

*Parviennent-ils à dire ce qui les tracasse?

*Ces comportements seront-ils suffisamment libérateurs pour qu'ils puissent en retirer du calme, de la sérénité?

*Quelles sont les différences dans les comportements des uns et des autres?

*Quels sont les enfants qui influencent le groupe?

*Est-ce que les plus jeunes suivent simplement ce qui se passe? En sont-ils effrayés? Parviennent-ils eux aussi à dire leurs frustrations?

Grâce à ces quelques éléments de réponses, j'ai pu agir légitimement.

Au risque d'encourir des blâmes de parents qui ne pouvaient comprendre que j'accepte ces comportements, j'ai décidé d'accompagner les enfants dans leur détresse et de les aider à en sortir. Je voulais qu'ils croient aux adultes qui respectent et aiment les enfants, même si, parfois, ceux-ci présentent des comportements difficiles à vivre!...

L'imaginaire en mutation

Un souhait : des lieux pour se dire

L'atelier était un lieu pour se dire, un lieu d'expression libre et libératrice ! Je crois qu'il faudrait offrir de tels lieux à tous les enfants, quel que soit leur âge ! Chacun pourrait en bénéficier.

Des lieux pour se dire, des lieux accueillants où des adultes responsables ne frémissent pas devant l'expression de colère et de vengeance, mais reçoivent l'expression de l'enfant dans son sentiment réel, sans le blâmer ou lui faire sentir que c'est odieux, que ce n'est "pas beau", ou qu'il y a exagération de ce qu'il ressent !

Nous savons bien quelle réalité rejoint les adolescents à qui on n'a pas suffisamment fourni de moyens d'expression... Ils sont tellement submergés d'images qu'ils les utilisent sans discrimination. C'est parfois déplorable. Que ce soit par des moyens physiques (sport ou autres jeux faisant appel au corps), que ce soit par des moyens d'expression ayant pour but la créativité, que ce soit par des jeux d'équipe et de plein air, offrons à tous ces jeunes des possibilités de se dire, des lieux qui offrent un accueil chaleureux.

Jean-Christophe - 6 ans

Chapitre 6

Le danger serait cependant que nos jeunes exploitent n'importe quelle situation pour se libérer du poids de leurs connaissances. Nous devons donc bien avoir à l'esprit que leurs images doivent se libérer et devenir source de communication et non pas de destruction.

Nous, les adultes, nous pourrions épargner aux jeunes certains déboires en les aidant à grandir plus sereinement, libérés de leurs peurs, de leurs fantasmes étouffants si nous leur offrions des lieux pour se rencontrer et être heureux avec des adultes éducateurs, des adultes indispensables qui seraient leur gardien, leur guide, leur conseiller, et pourquoi pas leur ami...

Dans ce monde de cette fin de siècle où les images abondent, naissent de partout, sont omniprésentes, omniinfluentes, que nous reste-t-il à faire sinon aider les enfants à exprimer leurs images par des créations libératrices? Il faut leur apprendre ou parfois même leur réapprendre à "se dire" avec franchise, sans que naisse en eux la crainte d'être jugés ou rejetés.

Chapitre 7

Le symbole

> «*Les images, les symboles, les mythes, ne sont pas des créations irresponsables de la psyché; ils répondent à une nécessité et remplissent une fonction: mettre à nu les plus secrètes modalités de l'être.*»[1]

Le monde des symboles ne se laisse pas deviner; il participe du mystérieux et ne se dévoile pas facilement. Il réclame une conscience éveillée et une attention aux aguets.

Deux bougies et le symbole prend place

M'absentant de chez moi pour un assez long séjour, ma fille Sophie me dit: «Maman, voici pour toi un petit cadeau. Tu l'ouvriras quand tu seras dans l'avion.» Une heure plus tard, intriguée, j'ouvre le colis et je découvre une longue bougie bleue ainsi qu'un petit mot d'amour: «Quand tu t'ennuieras de moi, tu allumeras cette bougie en pensant à moi. Je me suis procuré la même bougie

---

[1] Mircea Eliade, Images et Symboles, Paris, Ed. Gallimard, 1952, p. 13.

bleue et je l'allumerai quand je m'ennuierai de toi. Ta Sophie.»

De façon tout à fait gratuite, ma fille avait fait un geste reconnu depuis des millénaires dans le monde de la symbolique. Lorsque deux peuplades nomades devaient se quitter, leurs chefs choisissaient un objet qu'ils brisaient en deux. Chaque part représentait le lien qui les unissait. Chacun devait donc garder sa part précieusement de telle sorte que, lors des retrouvailles, l'objet pouvait être reconstitué.

Ce simple objet était donc porteur de sens puisqu'il représentait à la fois la séparation, la douleur de l'absence et l'espoir des retrouvailles. Cette coutume devint tradition et elle s'est perpétuée à travers le temps.

Il y a à peine quelques mois, j'eus la chance d'assister à un dialogue entre deux petites filles de neuf ans. Stéphanie, du Québec, achète un petit canard sculpté et spontanément en achète un deuxième pour l'offrir à Florie qui elle, retournait en Belgique. J'entends Stéphanie lui dire : «Quand tu regarderas le petit canard, tu penseras à moi. Et moi, en voyant le mien, je penserai à toi.» Ces objets représenteraient donc pour chacune l'affection qu'elles se portaient. Ils prenaient "sens" à leurs yeux, le sens qu'elles avaient bien voulu leur donner.

Simple geste de courtoisie? Peut-être si on possède un regard réducteur! Cependant, si nous prenons attention au sens conféré à nos gestes, nos paroles et nos actes, nous enrichissons notre pensée sur les êtres, sur les choses et sur nos manières de vivre. C'est aussi ce qui enrichit notre imaginaire. Une conscience en éveil fait voir combien sont nombreuses les occasions qui fournissent "du sens" à ce que nous sommes et à ce que nous vivons. Le sens étant la perception profonde que nous donnons à la vie! En quelque sorte, c'est l'âme qui est à la recherche de sa nourriture et la puise dans ce qui fait sens à ses propres désirs. C'est ce sens qui devient valeur symbolique.

Il serait bon d'apprendre aux enfants que, par leur richesse intérieure et leur intuition, ils contribuent aux traditions symboliques; il me semble que l'on éveillerait en eux fierté et raison profonde d'exister...

L'origine du symbole

> «Le symbole a cette propriété de synthétiser dans une expression sensible toutes les influences de l'inconscient et de la conscience, ainsi que des forces instinctives et spirituelles, en conflit ou en voie de s'harmoniser à l'intérieur de chaque homme.»[3]

Etymologiquement, le mot symbole –du grec "sumbolom"– signifie morceau d'un objet partagé entre deux personnes pour servir entre elles de signe de reconnaissance.[2]

Pour qu'il y ait symbole, il faut un 'signifiant' et un 'signifié". Le signifiant est la chose concrète qui peut aussi bien être la parole, le geste, un objet, une image, un élément du cosmos, etc.. Le signifié, c'est la chose cachée, absente, à laquelle on fait référence. Ce qui ne veut pas dire du tout que le symbole soit abstrait; il est d'ordre affectif, donc bien concret! Gustav Jung, dans son livre "L'homme et ses symboles"[4] nous fait voir les différentes catégories dans lesquelles les symboles s'inscrivent. Il y a, entre autres, les grands symboles organisateurs, ceux qui se rattachent principalement au cosmos et régissent certaines règles chez les humains. De tout temps, ils ont appartenu à l'humanité et, de nos jours encore, les religions et les grands mythes y ont recours.

Puis viennent les symboles qui appartiennent au patrimoine. Ils régissent les gens d'une même culture. Cette catégorie de symboles concerne davantage nos connaissances religieuses, notre histoire collective, notre monde culturel et artistique.

---

[2] Définition du mot symbole Petit Robert, 1981.

[3] Le dictionnaire des symboles, Paris, Ed. Robert Laffont/Jupiter, 1962, introduction, p. V11.

[4] C.G. Jung, L'homme et ses symboles, Paris, Robert Laffont, 1982.

Enfin, il y a les symboles personnels, ceux que nous construisons au fil des jours et qui régissent nos conduites et nos valeurs tout en participant à la connaissance de nous-mêmes.

Le signe

Tout est signe et tout signe est porteur de sens. Le signe fait partie de la grande famille du symbole. Mais à la différence de celui-ci, le signe est un élément décidé par une convention; donc il est arbitraire.

Les mythes

Les mythes sont des inventions ancestrales; ils viennent de la nuit des temps et apportent avec eux les plus grandes croyances de l'humanité. Ils enseignent que les sentiments des humains sont toujours les mêmes à travers les temps et que personne n'y échappe.

Le symbolisme est descendu dans la rue...

Au cours de cette deuxième moitié du siècle, le recours aux symboles connut un renouvellement de ferveur. Alors que pendant des siècles la pensée symbolique était rattachée plus particulièrement aux domaines des arts et du sacré, elle s'est maintenant infiltrée partout. Nous n'avons qu'à nous référer aux domaines de la publicité et du marketing et nous y voilà! Leurs messages prennent de plus en plus appui sur un ou des symboles connus donnant ainsi aux différents produits des significations dont le sens ne peut échapper aux consommateurs.

Les concepteurs de n'importe quel produit sont à la recherche du symbolisme et celui-ci vit une réelle résurgence! Rappelons-nous cette maison qui vend du pétrole et qui a fait valoir son produit en utilisant le tigre... Force et puissance de la bête étant reconnues, pourquoi ne pas s'en servir pour nourrir les moteurs de nos voitures?

le symbole

N'étant plus autant orienté vers le sacré et les arts, le symbole se fait moins discret qu'aux siècles précédents, il est utilisé à toutes sauces et pas toujours à bon escient.

Ce qui a été raconté plus haut, à l'égard du cadeau offert lors d'une séparation, n'a pas échappé au marketing. Il se vend, en Amérique, un bijou, médaillon pendentif de forme ronde, représentant un soleil. Ce soleil est séparé en deux parties par un éclair, ligne brisée, qui symbolise le bris d'un lien, ou la séparation. En voyant ce bijou, on ne peut que penser à la peine, aux cœurs brisés par la séparation. D'une certaine manière, nous rencontrons ici, la symbolique de l'objet partagé.

Il est donc important d'apprendre à faire la différence entre une symbolique riche, profonde, qui donne sens à notre vie et celle que l'on nous offre à tout venant et parfois de façon tellement galvaudée!

La fonction symbolique

Elle est définie comme étant la capacité d'évoquer des objets ou des situations non perçues actuellement en se servant de signes ou de symboles. Vaste champ opératoire d'images, le monde symbolique enrichit à la fois notre réalité et notre imaginaire.

Il est un domaine dans lequel le symbole n'a jamais cessé d'être omniprésent: celui de la créativité artistique. Ce qui ne veut pas dire pour autant que la symbolique livrée par l'art est toujours évidente et simple à décoder, loin de là!

Prenons à titre d'exemple un spectacle de danse. Les mouvements et la gestuelle créés par l'auteur se veulent la plupart du temps porteurs de messages, évocateurs d'émotions, et de sensations éprouvées. Bien que certains symboles culturels puissent être rapidement reconnus, les spectateurs n'en feront pas nécessairement tous la même lecture; mais ils projetteront leurs

Chapitre 7

propres connaissances, aussi bien intellectuelles qu'affectives, et en tireront une symbolique significative pour eux. C'est en cela qu'il est dit que le spectateur fait aussi le spectacle... à tout le moins, il l'enrichit pour lui-même! Il en est de même dans les perceptions que nous livrent un tableau, une mélodie, un livre, un poème, un concert, etc.

Avoir de la culture, prendre conscience, donc connaissance de la symbolique des arts à travers les temps, c'est un réel surplus de richesse pour soi-même et de ce fait pour la communauté dans laquelle nous faisons notre marque, c'est-à-dire en créant!

Visualisation d'un arbre

«Il faut aimer les arbres et en planter dans son cœur»[5]

A titre d'exemple, prenons l'arbre, l'un des éléments de la nature qui, à travers les temps s'est chargé de représentations symboliques; il est devenu l'un des symboles les plus riches et les plus répandus. Elément cosmique, élément onirique, symbole des rapports qui s'établissent entre la terre et le ciel, l'arbre provoque l'action imaginative. Les images qui s'en dégagent suscitent le désir de transposer cet élément réel et de l'amener sur le terrain de l'imaginaire.

Un arbre, le nôtre, vit en nous. Il est celui qui nous représente symboliquement. Si nous prenons le temps de le contempler en l'accueillant dans le silence, calmement, nous le sentons de plus en plus présent

Agata - 4 ans et demi

---

[5] René Jean Clos, L'enfant halluciné, Paris, Grasset, 1987, p 48.

le symbole

en nous. Notre imagination symbolique peut alors nous amener à la transposition de ce qui appartient à l'arbre: peu à peu, nous transformons cette réalité en représentations individuelles. Ces transpositions deviennent des symboles existentiels.

Voici maintenant un travail de transposition symbolique

Voyons un arbre et peu à peu essayons de nous l'approprier. Il est nôtre puisque son image s'impose à notre pensée. Il nous appartient donc personnellement.

Pensons simplement à regarder l'espace que cet arbre occupe dans la nature... est-il isolé? dans une forêt? planté dans une plaine ou au bord d'un ruisseau?

Voyons maintenant quelles sont les qualités reliées à sa forme, à son tronc, à son écorce et à sa sève.

Comment sont ses branches et quelle est la profondeur de ses racines?

Quels sont ses fleurs et ses fruits?...

Quelles sont ses égratignures et ses marques laissées par le passage du temps?

Comment accueille-t-il le soleil?... et le vent?...
Comment réagit-il à la tempête?... et à la douce pluie?

Et ainsi de suite...

A partir de la réalité d'un arbre que nous aimons, nous pouvons nous l'approprier et en faire un symbole de notre vie. N'est-il pas d'ailleurs en perpétuelle évolution, en ascension vers le ciel? Et n'est-il pas le seul, tout comme nous, à se tenir à la verticale?...

Lorsque nous faisons un travail de symbolisation, nous donnons non seulement du pouvoir à nos images mais nous leur donnons aussi de la profondeur. Posséder une vie fantasmatique et avoir une activité symbolique, c'est enrichir nos images.

Chapitre 7 ─────────────────────────────────

S'entraîner à symboliser

Certains thèmes universels portent une symbolique millénaire. Ils sont faciles d'approche aussi bien pour les adultes que pour les enfants. En quelque sorte, du fait de notre appartenance au monde et au cosmos, nous les connaissons !

Lors des cours sur la fonction créatrice, je présente aux participants les quatre grands thèmes concernant les éléments de l'univers : la terre, l'air, l'eau et le feu.

J'inscris alors plusieurs fois ces thèmes sur des papiers et chacun vient en tirer un au hasard. Mais, au fait, existe-t-il le hasard ? Partant de l'élément inscrit sur leur feuille, chaque participant doit trouver cinq illustrations qu'ils accompagneront de citations, de poèmes, de textes, de chansons ou encore de leurs propres créations.

Au départ de ce travail, les éléments, considérés dans leur nature et leurs fonctions, sont rarement regardés sous l'angle de la symbolique et de la mythologie qu'ils peuvent renfermer. On y fait très peu référence. Entre autres, l'élément "air" n'est pas toujours bien perçu ! Immatériel, on le trouve plus difficile à traiter. J'apporte alors du support... Je fais préciser ce qu'il est pour nous d'abord : essentiel à notre vie ! Il se matérialise donc en nous. Nous réfléchissons ensuite à son rôle de porteur de messages, porteur d'ailes, porteur de musique, etc.

Travaillant les sensations qui naissent des images choisies, les participants oublient ce qui rattache l'élément à un savoir intellectuel et vont à la recherche de leur savoir sensible. Ils parviennent alors à pénétrer la symbolique propre à chacun des éléments. Et nous voilà partis dans les profondeurs, partis dans la rêverie qui amène la contemplation, partis dans les éléments qui forment eux-mêmes notre nature profonde : ne sommes-nous pas faits d'eau, de terre, d'air et de feu ?

Ce travail a pour objectif d'ouvrir des perspectives sur les conte-

_____ *le symbole*

nus symboliques des images retenues. Il stimule aussi la pensée intégrative, car la vision de chacun des créateurs de poèmes, de textes, de chansons, vient enrichir notre propre vision et donne du poids à notre recherche. Ainsi enrichie, chacune des images évoquées fertilise notre imagination et stimule notre désir d'aller à la découverte du symbolisme qui nous habite.[6]

Un thème stimulant et provocateur: le feu!

Voyons maintenant comment un seul des quatre éléments peut apporter une foison de thèmes intéressants à développer avec les enfants. Le feu, qui est l'élément qui les fascine le plus et qui peut s'allier aux autres grandes thématiques, provoque des images variées qui vont chercher différents états émotifs.
Malheureusement, il est trop présenté aux enfants sous forme du danger qu'il représente et parfois même, seulement sous cette forme. On oublie quelque peu ses autres caractéristiques tellement constructives!

Le réalisme du feu ne doit pas nous faire oublier sa profondeur, son sens caché, sa dynamique interne.

Nous possédons la connaissance du feu qui habite le centre de la terre et celui qui habite aussi notre propre centre. Comment se fait-il alors que lorsque nous parlons du feu aux enfants, nous taisons les merveilles de ces feux? En reconnaissant la force de sa nature et le fait que parfois il soit destructeur, nous pouvons aussi le présenter sous son aspect purificateur, régénérateur d'énergie. Il nous apporte une si bonne chaleur! Tout feu, tout flamme et nous voilà bien vivants! Sans flamme, que serions-nous? Il est ardeur, réchauffement et joie.

Nous avons tous, un jour ou l'autre, évoqué le feu comme étant le digne représentant de l'amour: le cœur en feu ou la chaleur au cœur. N'oublions-nous pas de dire aux enfants qu'il change parfois de forme? Il n'est pas le même lorsqu'il se fait "feu du ciel",

___
[6] Mary Hoffman et Jane Ray, Terre, Feu, Eau, Air, Paris, Ed. Gauthier-Languereau, 1995.
Ce livre inspire les adultes qui veulent en savoir davantage sur les éléments.

Chapitre 7

éclair vibrant, ou "feu des ténèbres", dévorant et malfaisant! Et le soleil, savent-ils qu'il est une boule de feu? Trop souvent, nous dit Christian Bobin, «A l'école, on parle du feu d'une voix de glace!»[7]

En leur parlant chaleureusement de cet élément, certains enfants se découvrent des similitudes avec lui... ceux qui ont un tempérament de feu, ceux qui se passionnent facilement! Ainsi, par ce travail sur le feu, des analogies se font dans leurs pensées: leurs propres passions, leurs colères, leur amour ardent, leur désir de force et parfois aussi de destruction.

Peindre, dessiner, danser le feu

L'élément feu a toujours été une fascination pour les artistes, qu'ils soient peintres, poètes, danseurs ou musiciens. En présentant aux enfants des images qui rejoignent les propos sur le feu, vous stimulez leur désir de s'exprimer.

Les contes ou les histoires marquées par les actions du feu, les mythes évoquant le feu céleste viendront alimenter les causeries et les rêveries, tout en apportant de nouvelles connaissances.

*De plus, si nous leur faisions écouter la musique évocatrice des flammes en mouvement, ne seraient-ils pas heureux de danser le feu? Evoquez le titre de "L'Oiseau de feu", parlez de ce musicien Stravinsky, un grand passionné, faites écouter quelques minutes d'une musique évocatrice et les enfants vous demanderont sûrement s'il existe un oiseau de feu! Alors ils pourront le peindre et le faire naître!

*Enfin, nous pourrons aussi leur parler du feu du ciel, de la lave, du tonnerre et de la puissance de l'eau qui arrive parfois à maîtriser les folies du feu... Ainsi, les forces de la nature s'associeront entre elles dans l'imaginaire de l'enfant. Il pourra y

---

[7] Christian Bobin, La part manquante, Paris, Ed. Folio 1989, p. 97.

le symbole

faire référence aussi bien pour alimenter ses rêveries que pour stimuler ses productions. Par l'un ou l'autre moyen d'expression, l'enfant âgé de cinq ans et plus rencontrera l'intérêt que provoquent toujours les éléments de la nature, lorsqu'ils sont présentés... avec flamme et passion bien sûr ! Parler du feu aux enfants, c'est non seulement parler de sa destruction mais c'est aussi parler de l'amour... En sommes-nous convaincus ?

Il peut en être ainsi pour chacun des éléments.

Pourquoi un élément nous attire-t-il plus qu'un autre ? Il est plus vibrant en nous, c'est tout ! Mais sommes-nous allés à la recherche de ceux qui ne se sont pas encore révélés ?...

Disons que nous n'avons pas le droit de priver les enfants du savoir universel, celui qui reste gravé dans la mémoire. Depuis des millénaires, ce monde sous-jacent à la parole et aux images révèle aux êtres la vie sensible qui les habite. Les mythes, les grands contes universels et ceux qui relèvent plus précisément de notre culture, les histoires qui sont répétées dans les familles : tout ce matériel fournit une matière riche de symboles et de leçons de vie. En accédant à notre mémoire collective, nous affirmons notre appartenance.

Un autre grand thème venu de la nuit des temps

Qui ne connaît ce sentiment essentiel que l'on appelle l'amour et qui habite au plus profond de notre être ? Le sentiment amoureux est l'exemple par excellence d'un thème millénaire qui a fait les délices et les tourments de tous les humains et qui ne s'est jamais épuisé. Il est porteur d'une symbolique collective et personnelle et développée par toutes les nations de la terre ! L'amour a animé de multiples croyances, provoqué les plus hautes sphères du plaisir. Il a aussi fait naître d'innombrables drames humains. Que n'a-t-on pas fait au nom de l'amour ?

Chapitre 7

L'art a su renouveler sans cesse ce thème qui tient aux cœurs. Chanté, dansé, peint, dramatisé, sculpté, modelé..., les créateurs d'art ont su le traiter sous tous les aspects. De plus, les "regardeurs" de ces œuvres ont aussi investi leurs propres sentiments amoureux et ainsi alimenté leur imaginaire. Symbolisé à l'extrême, l'amour restera toujours vivant et un prototype des mythes et des symboles qui nous habitent.

Surtout ne faites pas de cœurs

> «Nous portons atteinte au cœur quand nous traitons comme un organe physique simple ce que la poésie et la chanson ont depuis des siècles considéré comme le siège de l'affection.»[8]

Une éducatrice au préscolaire invite les enfants à faire un dessin qu'ils offriront à leur maman le jour de la traditionnelle "Fête des Mères".
Elle donne une seule consigne: surtout ne faites pas de cœurs, je ne veux pas en voir un seul!

Surprise, je me demande pourquoi cette consigne? Croit-elle que le cœur dessiné est un stéréotype, un cliché? Que peut-on faire pour dire tout son amour pour sa maman lorsque l'on a cinq ans?

Le cœur dessiné est un signe conventionnel qui a pris valeur de symbole. Cette forme schématique, connue de tous, porte une signification qui va bien au-delà du dessin. Elle véhicule une pensée collective, un contenu social bien connu: l'amour. Au-delà du cœur organe, le langage graphique de cette forme, désigne plutôt le siège de l'affectif. Souvent, pour parler d'amour, on parle du cœur. Pour nos civilisations traditionnelles, le cœur est «l'organe central, le symbole de l'amour, le siège des sentiments et de l'affectivité et la localisation de l'intelligence et de l'intuition.»[9]

---

[8] Thomas Moore, Le soin de l'âme, Montréal, Ed. Flammarion Ltée, 1994, p. 184.

[9] Jean Chevalier, Alain Gheerbrant, Dictionnaire des symboles, Paris, Ed. Robert Laffont/Jupiter, 1962. p. 35.

le symbole

Le cœur, c'est tellement important! Regardez les tout petits le dessiner. Ils y mettent tellement de cœur! A trois ans, Fanny me demande : fais-moi un cœur. Elle a vu et admiré son frère qui en dessine souvent. Elle voudrait bien avoir l'habileté de réaliser cette forme difficile à tracer pour son âge mais elle en est encore incapable. Bientôt, elle saura et en sera très fière.

Les enfants qui apprennent à tracer ce signe sentent de façon intuitive, qu'au-delà de la convention universelle, il peut y avoir un message personnel, un message d'amour. Et c'est évidemment ce message qui rend ce signe symbolique, car pour qu'il y ait symbole, il faut toujours la rencontre de deux aspects : d'une part, le signifiant, c'est le cœur dessin et d'autre part, le signifié, c'est la partie cachée dans le dessin, c'est-à-dire l'affection sinon l'amour. Au-delà du signe connu, celui ou celle qui crée pourra lui attribuer une symbolisation personnelle.

Parfois les cœurs foisonnent. Voici le dessin d'une petite fille de sept ans : un fauteuil dont le dossier et le siège sont couverts de cœurs ; à côté, une enfant, debout, porte une robe dont le tissu est, lui aussi, couvert de cœurs !

Claire - 7 ans

Lorsqu'il connaît ce signe-symbole, l'enfant le répète abondamment. A cet âge, l'expression des sentiments se fait encore de façon embryonnaire. L'enfant qui ne peut élaborer sa pensée et exprimer verbalement tout ce qu'il ressent prend plaisir à le dessiner.

Jusqu'à l'âge de sept ans, il est vrai que les cœurs abondent dans les dessins. Plus tard, nous les retrouvons dans les bandes dessinées et, plus tard encore, dans les graffiti! Un jour, la raison ou la pudeur prendront le dessus et ce signe conventionnel diparaîtra. L'enfant ne fera malheureusement plus de cœurs... Espérons qu'il trouvera d'autres moyens pour exprimer son amour!

Pas de cœur sur les notes blanches

Pour terminer à regret de parler d'amour à travers le thème du cœur, je voudrais vous raconter l'anecdote suivante, témoignage de l'évolution "graphique"... des enfants d'aujourd'hui!...

Un jour, nous étions, Fanny cinq ans et moi, devant l'ordinateur. Après avoir écrit tous les noms de sa famille sur l'écran, elle voulut envoyer par télécopieur un message à son père pour lui dire: «je t'aime papa.» Mais la voilà tout-à-coup au bord des larmes et, dans une expression témoignant du sentiment d'impuissance qui l'habite, elle s'exclame: «Je ne peux pas!» Je lui demande: «Pourquoi Fanny? Je peux t'aider à écrire ton message.» «Non, je ne peux pas, répète-t-elle en regardant le clavier et tu ne peux pas, il n'y a pas de cœur sur les petites notes blanches!»

Fanny connaissait ses lettres et sous ma dictée, pouvait les taper. Mais pour elle, "je t'aime" ne pouvait s'écrire que d'une façon: le dessin qu'elle avait vu faire ici et là. Elle était dans sa mécanique opératoire. Alors "de petit cœur" en symbole noir sur le clavier... il n'y en avait pas!

le symbole

D'autres thèmes à exploiter

Les activités créatrices que nous mettons en place pour le développement des enfants peuvent alimenter leur vie symbolique. Certains thèmes, certains mots, certaines images ont la faculté de contenir toute une panoplie de symboles. Il suffit de mettre en lumière des images contenant des symboles affectifs et moteurs, et voilà que les enfants partent dans un monde mirifique, remplis d'idées toutes plus riches les unes que les autres.[10]

Les enfants désirent se situer dans l'univers qu'ils habitent et, derrière certains mots évocateurs de leurs recherches, ils trouvent un écho.

En voici quelques-uns :

* La caverne, le labyrinthe, l'arbre, la maison et ses corollaires : nid, château, tente, etc.

* Les monstres, les dragons, les fées et les sorcières, les sirènes sont tous des personnages qui éveillent des représentations chargées d'émotions.

* L'évocation de l'infiniment petit et de l'infiniment grand. Ne se sentent-ils pas parfois petits, parfois grands, parfois puissants et d'autres fois impuissants, quelques fois gentils et subitement monstrueux ? Ne vivent-ils pas intérieurement un monde labyrintique à partir duquel ils doivent apprendre à gouverner leurs émotions ?

* Les thèmes qui mettent en jeu des animaux, évoquant leur caractère et leur fonctionnement, rencontrent aussi la vie émotive et affective des enfants. Leur identification s'éveille au moindre fait accompli par un animal, particulièrement s'il est présenté vivant une situation difficile, ayant des choix à faire ou encore en état de légitime défense.

---

[10] Carl Jung définit les symboles moteurs comme étant générateurs d'énergie qui construisent et orientent l'action.

Chapitre 7

N'oublions pas de réfléchir au fait que leur cœur tendre a besoin de s'émouvoir; donc offrons-leur souvent des situations de tendresse, de douceur, des témoignages d'affection à travers contes, films, histoires, etc. Elles soutiennent leur propre désir d'affection et transmettent la plupart du temps le sentiment qu'il fait bon vivre! De nos jours, les enfants en ont grand besoin! Il est sécurisant pour eux de voir que l'amour circule en eux aussi bien que chez les autres.

Semer, semer et encore semer

Semer l'idée que les enfants ont des moyens pour se dire et leur en favoriser les accès, c'est là notre tâche. Nous devons avoir la conviction profonde que nous rencontrons la vie intérieure de l'enfant lorsque nous lui fournissons des thèmes riches qui contiennent des éléments qui le rejoignent.

C'est la nature intuitive de l'enfant qui le fait se rapprocher du sens caché des choses. C'est aussi son bel esprit de jeu, de recherche de la sensation, qui lui fait pressentir que "tout n'est pas dit", que des choses doivent se cacher quelque part, des choses qu'il faudrait bien aborder...

Aucun des univers symboliques ne doit être négligé; qu'ils soient du cosmos, du patrimoine ou personnel, ces univers procurent du sens à ce que nous sommes et ce que nous faisons.

Cette conscience d'une symbolique qui nous habite, nous devons l'éveiller chez l'enfant. Plus nous leur donnons de bases significatives pour eux, plus nous les éveillons à eux-mêmes et à leurs perceptions. Ne craignons donc pas d'entrer dans la symbolique avec eux, car les aider à être en contact avec leur vie intérieure, c'est peut-être leur offrir le plus beau des cadeaux et le meilleur de nous-mêmes! Travailler la symbolique, c'est pénétrer plus en profondeur les racines de notre âme, de leur âme! C'est entrer dans une communication qui ne peut se tarir.

Chapitre 8.

Les archétypes

> «Les archétypes nous jettent dans un type de discours imaginatif, ils sont les modèles les plus profonds du fonctionnement psychique.»[1]

Les archétypes, structures de l'inconscient collectif

Carl Jung nous les a définis comme étant «des prototypes d'ensembles symboliques si profondément inscrits dans l'inconscient qu'ils en constitueraient comme une structure, des engrammes.[2] {...} des ensembles représentatifs et émotifs structurés, doués d'un dynamisme formateur.»[3] Cette définition nous amène à saisir le fait que leur présence est millénaire.

Tout être possède en lui une certaine "science archétypale" venue des mythes de l'histoire et du sacré. C'est ce sacré qui amène en nous cette présence du transcendantal. Au cours de ce siècle, le sentiment du sacré ne nous a pas quittés, bien que nous nous en soyons éloignés quelque peu. Cependant, si certaines croyances ont été désacralisées depuis quelques décennies, on

---

[1] James Hillman, La Beauté de Psyché, Montréal, Ed. Le Jour, 1993, p. 252.

[2] Engramme : «Trace organique hypothétique constituant le support de la mémoire.» Grand dictionnaire de la psychologie, Paris, Ed. Larousse, 1992, p. 272.

[3] J. Chevalier et A. Gheerbrant, Le dictionnaire des symboles, Paris, Ed. Robert Laffont/Jupiter, 1962, introduction, page XI.

Chapitre 8

assiste à un retour des mythes ancestraux. Comme les symboles, ils sont utilisés dans les jeux de société, au cinéma, dans les bandes dessinées. Ils sont aussi réintégrés chez les êtres qui sont en démarche de spiritualité.

Que les humains, depuis des siècles, se servent d'images archétypales pour raconter leur histoire et la transmettre à l'humanité, c'est déjà un fait prodigieux ! Mais, lorsque devant nous, le prodige arrive par un petit être de quatre ou cinq ans qui spontanément met au monde des images évoquant les grands thèmes symboliques de l'humanité, nous ne pouvons alors qu'en être éblouis et remplis d'admiration.

Le mime de Fanny

Ayant un jour entrepris une longue randonnée avec ma petite-fille Fanny qui avait alors quatre ans, je propose que nous nous reposions un peu en évoquant le fait que nous avions beaucoup marché et que je ressentais de la fatigue. L'enfant ne dit mot et s'assoit près de moi. Puis elle me regarde et se lève, choisit un bâton et se met à imiter une petite vieille qui marche péniblement. Je ne marche quand même pas de cette façon, enfin, pas encore ! Je me suis alors rappelé une enseignante de petite maternelle qui m'avait questionnée à ce sujet: «Comment se fait-il, m'avait-elle dit, que les jeunes enfants lorsqu'ils imitent des personnes âgées, courbent le dos et marchent à tout petits pas en prenant appui sur un bâton imaginaire? Pourtant, de nos jours, les grands-parents ne marchent pas tous de cette façon!»

Certes, nous voilà devant une caractéristique propre aux vieillards, mais lorsque les enfants n'ont pas rencontré de telles images dans leur environnement ou dans leurs contes, d'où peuvent-elles donc surgir? Ce sont des images innées, de nature ontologique, des images puissantes qui président à la vie de la psyché. Ces images proviennent de la culture des peuples, des contes

Les archétypes

oraux et écrits, des chansons qui, depuis des siècles véhiculent leur culture. Depuis la nuit des temps, elles proviennent aussi des mythes universels, des rituels sacrés... Elles marquent l'imaginaire des êtres. Selon les cultures, ces représentations renferment des thèmes bien définis qui resurgissent au moyen de toutes les manifestations expressives. Ainsi, on se raconte en racontant le passé ; ainsi, on s'inscrit dans le monde en laissant sa trace. Toute civilisation possède ses mythes et ses histoires qui traduisent ce qu'elle a vécu.

Ces images nourrissent notre vie imaginative, nos fantaisies, nos rêves, nos idées délirantes et parfois même nos illusions ! Nous nous identifions à elles et nous les cultivons. Et dès l'enfance, elles apparaissent. C'est ainsi que Fanny a hérité d'une image de vieillarde sans pour autant en avoir vu dans son environnement. Peut-être s'est-elle souvenue de la sorcière du conte d'Hansel et Gretel ? Il faudrait que je le lui demande ! Alors là, si elle me compare à ce personnage mythique, gare à elle ! Toutefois, je suis encore impressionnée !

La représentation archétypique

> «On doit garder à la conscience que ce que nous voulons signifier par archétype n'est pas représentable en soi, mais a des effets qui permettent des illustrations, lesquelles sont des représentations archétypiques.»[4]

Les quelques exemples suivants, choisis parmi tant d'autres, illustrent comment les jeunes enfants, pour se raconter, puisent spontanément dans leur réservoir d'images appelées par Jung, "images primordiales". Ils le font aussi bien verbalement que dans leurs productions graphiques et plastiques.

---

[4] C.G. Jung, Les racines de la conscience, Paris, Buchet-Chastel, 1970, p.539.

Chapitre 8

Dès la petite enfance, et même lors de la période du gribouillis, des archétypes apparaissent dans les dessins d'enfants. Ils accompagnent son développement psycho-moteur, mental et psychologique. A titre d'exemples, certains symboles utilisés par l'enfant dans ses dessins témoignent de son orientation dans l'espace : la croix et ses quatre points cardinaux, l'échelle et ses orientations verticales et horizontales ou encore les multiples lignes horizontales qui deviennent des routes et traversent chacun des gribouillis, etc.

Ces symboles voient le jour au fur et à mesure que l'enfant prend conscience de sa propre orientation ; il s'inscrit ainsi dans son espace en dessinant... La place que prennent ces formes dans l'espace ! Lorsqu'il les dessine, il les vit corporellement aussi. Voyez l'enfant de trois ans qui pirouette sur un pied, sur un autre, les bras en croix, il est tout simplement en train de "vivre" l'espace pour mieux se l'approprier.

Réclamant plus d'habileté, les étoiles à cinq branches et le croissant de lune arriveront un peu plus tard. Et, oh ! heureuse maîtrise et apparente fierté chez l'enfant qui parvient enfin à dessiner un cœur. Le cœur se fait dessin !

Répétés et répétés par tous les enfants du monde, on peut donc dire que ces dessins sont les témoins d'un savoir commun. Venant de loin, du très lointain passé, **ces images de notre imaginaire collectif suivent leur chemin d'évolution graphique et témoignent de la profondeur de notre appartenance à l'humanité.** En les voyant arriver sur sa feuille, on éprouve chaque fois de la reconnaissance pour l'enfant, puisque sa fonction créatrice a su les faire sortir de l'ombre et les offrir à la lumière. «Imaginons alors les archétypes comme "les modèles les plus profonds du fonctionnement psychique", comme les racines de l'âme qui gouvernent les points de vue que nous avons de nous-mêmes et du monde.»[5]

---

[5] James Hillman, La beauté de psyché, Montréal, Ed. Le Jour, p. 252.

Faire "sa" maison

> «Demander à l'enfant de dessiner la maison, c'est lui demander de révéler le rêve le plus profond où il veut abriter son bonheur; s'il est heureux, il saura trouver la maison close et protégée, la maison solide et profondément enracinée [...] Dans certains dessins, de toute évidence, il fait chaud à l'intérieur, il y a du feu, un feu si vif qu'on le voit s'échapper de la cheminée.»[6]

Allons plus profondément dans ce monde de l'inné auquel, dès notre petite enfance, nous avons su recourir.

C'est novembre, Sylvie, éducatrice en classe de petite maternelle, demande à quelques enfants de dessiner une maison. Elle les installe devant le tableau noir et chacun s'exécute.

« J'ai pu observer, me dit-elle, quelles étaient les formes figuratives que les enfants de cet âge donnent au concept maison. Trois d'entre eux ont fait un carré, puis un toit en triangle, une porte et deux fenêtres. Deux enfants ont dessiné plus ou moins un rectangle ainsi qu'une porte et deux fenêtres. Quant aux trois autres, ils ont fait un cercle, puis, au centre de ce cercle, ils ont ajouté un tout petit point. Etait-ce une porte ou peut-être une poignée? Mais avoue qu'une maison ronde, c'est assez surprenant! Je ne m'attendais pas à ce que les huit enfants dessinent d'office l'image de leur maison, mais de là à ne rien reconnaître sinon la porte et les fenêtres, c'est un peu dérangeant! Je croyais que c'était un thème formidable à leur proposer. Peut-être sont-ils encore trop jeunes pour répondre à ma demande?

— C'est un très bon thème pour eux, lui répondis-je, et tu as très bien fait de le leur proposer. D'ailleurs, d'eux-

---

[6] Propos de Mme Balif cités par Gaston Bachelard, <u>La poétique de l'espace</u>, Paris, PUF, 1958, p. 77.

mêmes, ils dessinent des maisons à foison! Mais quelles étaient tes attentes? Tes petits ont réellement fait leur maison. Ils savent, d'un savoir sensible et intuitif, que la maison représente un abri, un lieu clos, un lieu protecteur.
– Tout de même, les cercles n'avaient rien d'apparenté à une maison...
– Sinon, un lieu clos, rond, comme l'a été pour eux l'utérus de leur mère. N'est-ce pas là leur première maison? C'est ça dessiner pour un enfant, c'est faire appel à son savoir sensible. Dans ce cercle utérin, l'enfant a certainement ajouté un point. Il signifie la possibilité d'ouverture vers l'extérieur. Ce sont les plus jeunes de ton groupe qui ont dessiné un cercle, n'est-ce pas?

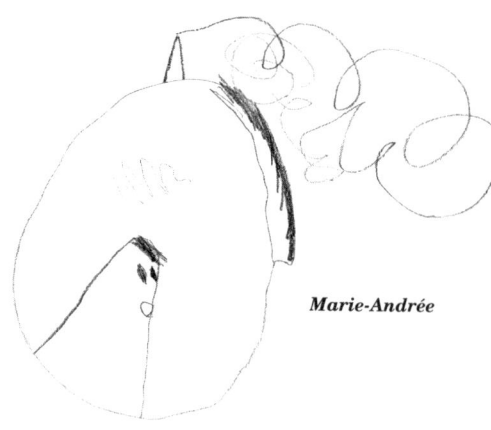

Marie-Andrée

– Oui, ils ont à peine trois ans! Les autres ont quelques mois de plus, ils ont déjà accédé à des savoirs plus formels.
– L'enfant de trois ans et demi, quatre ans, a probablement dessiné plus souvent que le petit, il est donc capable de représentations plus avancées. Il peut faire un carré, puis un rectangle dans lesquels il ajoute d'autres carrés "fenêtres" et une porte. Bien que cette maison soit habillée d'un savoir plus formel, il n'en demeure pas moins qu'elle est aussi une projection d'une image symbolique intérieure. Ce qu'il faut savoir, c'est

que « ce n'est pas la nature de la maison qui compte, pour l'enfant, mais les fonctions qu'elle a pour lui. »[7] En racontant ce qu'il sait d'un lieu clos, l'enfant témoigne du fait que ce lieu peut être en même temps ouvert sur le monde.

— Evidemment, répond Sylvie, ces formes contentent davantage l'idée que nous, les adultes, nous nous faisons d'une maison.

— Bien sûr! Et du fait que nous aimerions voir les enfants accéder rapidement à nos idées, nous sommes davantage satisfaits lorsque les formes semblent être plus représentatives!

— Oui, c'est rassurant... rassurant qu'ils aient compris quelque chose!

— Et pourtant, ce qu'ils ont fondamentalement compris, ce qui vient de leur nature profonde est si beau et si important!»

Un silence s'installe, un silence rempli des réflexions de chacune. De mon côté, je pense qu'il serait important que tous les intervenants, et même les parents, soient informés de la symbolique qu'utilisent les enfants dans leurs productions. Il y aurait certainement un plus grand respect du savoir-faire de l'enfant!

Puis Sylvie rompt le silence en avouant le désir qui l'habite: approfondir ce qu'elle vient d'entendre et pénétrer plus avant dans la connaissance de la démarche d'expression de l'enfant. Elle clame aussi son émerveillement face à leurs gribouillis et leurs schémas primaires, les enfants utilisant une symbolique qui raconte non seulement leur monde intérieur, mais celui de tous les êtres!

---

[7] Dr F. du Mesnil Du Buisson, Réflexion psychanalytique sur la "passion" du dessin chez l'enfant latent. Article: <u>Revue Etudes psychothérapiques</u>, # 46, Thème: <u>L'imaginaire et l'Enfant</u>, # 104, déc.'81.

Chapitre 8

> «La maison, plus encore que le paysage,
> est "un état d'âme."»[8]

Les dessins des enfants de cet âge se font spontanément, dans un mouvement organique de l'être. Ce qui les amène tout droit aux sensations et perceptions de leurs images, car ils dessinent un savoir d'expérience qui a pris racine dans le plus sensible, le plus sensoriel d'eux-mêmes. Quant à la maison, image primordiale, ils la sentent comme étant un lieu de départ dans la vie, un lieu de protection duquel ils peuvent voir le monde extérieur et le pénétrer si tel est leur désir. Voilà pourquoi porte et clenches prennent tellement d'importance dans leurs "dessins-maisons".

Se laisser émerveiller par ce que réalisent les enfants ne peut que susciter de l'admiration pour eux et activer en nous le désir d'inscrire le plus souvent possible à notre programme des activités qui provoquent l'imagination et la créativité, tout en les laissant libres de s'exprimer comme ils le désirent. Les enfants bénéficient de ce mouvement d'admiration et, de ce fait, ils se laissent aller à produire en toute confiance. Ce qu'ils font devient alors de plus en plus personnel et significatif.

La maison de Pascale

Pascale, cinq ans, se raconte :

«Il y avait une fois un soleil et un nuage qui se chicanaient.

Le nuage disait : "Non, c'est moi qui veut faire la pluie"; puis le soleil répondait : "Non, c'est moi qui veux faire le soleil."

Puis, une maison qui était l'arc-en-ciel.

La maison a dit : "Non c'est moi qui va faire l'arc-en-ciel" et c'est la maison qui a gagné.»

Chacun des éléments du dessin de Pascale représente en lui-

---

[8] Gaston Bachelard, La Poétique de l'Espace, Paris, PUF, 1958, p. 77.

même une symbolique archétypale. De façon inconsciente, mais intuitivement l'enfant a invoqué des symboles moteurs qu'elle a mis en associations et en oppositions, servant d'exutoire à ce qu'elle vit intérieurement. Voyons chacun de ces éléments : nuage, soleil, maison et arc-en-ciel.

«Le nuage fait de la pluie et le soleil fait du soleil !» raconte l'enfant. Jusque là, simple reconnaissance fonctionnelle.

Puis Pascale inscrit nuage et soleil en dualité de fonction : le nuage et le soleil se chicanent..., oui, non, c'est moi qui, etc. On voit que chacun des deux éléments cherche à établir son pouvoir. Or, le nuage – comme la lune et la terre – représente, dans son symbolisme, la mère, source de fécondité. Le nuage a pour fonction de rendre le sol propice à l'ensemencement. Quant au soleil, digne représentant du père, il est reconnu comme symbole d'autorité.

Survient dans le récit "la maison", dont la représentation symbolique est l'être intérieur : le "Moi". «Ce Moi-maison était l'arc-en-ciel» dit l'enfant. Et que représente l'arc-en-ciel ? Il est annonciateur de beau temps, il apparaît après la pluie et fait «le pont reliant la terre et le ciel, le pont de la réconciliation. De plus, il est le chemin que prennent les héros... le lieu de calme, de paix, de repos et de promesse de temps meilleurs.»[9]

Emmanuelle - 5 ans

---

[9] La définition de chacun des symboles a été prise dans le Dictionnaire des symboles, œuvre de Jean Chevalier et Alain Gheerbrant, Paris, Ed. Robert Laffont/Jupiter, 1962, introduction, p. XI.

Ce "Moi-maison" évoqué par le dessin de Pascale est "en désir de puissance", car il devient l'arc-en-ciel! De ce fait, l'enfant devient l'héroïne, celle qui prend le chemin des héros pour faire la réconciliation!

Nous retrouvons ici l'attitude des enfants inquiets qui, suite à des disputes de leurs parents, désirent les réconcilier. Pascale est sûrement tracassée, il y a confrontation dans l'air et son imagination travaille. Elle se donne donc une prise sur sa réalité et se fait "arc-en-ciel", auteure de la réconciliation! Son dessin exprime ses souhaits, sinon ses désirs. «Parce que l'archétype fabrique un univers qui tend à contenir tout ce que nous faisons, regardons et disons dans l'éventail de son cosmos, c'est à un dieu qu'il faudrait le comparer».[10]

L'histoire et le dessin d'Isabelle

> «Quand un enfant dessine, c'est toujours un portrait qu'il dessine; sans cela il ne dessinerait pas. On ne dessine pas, on se dessine et l'on se voit électivement dans une des parties du dessin.»[11]

Isabelle, quatre ans, raconte ce qu'elle dessine:
«Une madame était montée sur la lune.
Elle entendait pleurer le soleil.
Le soleil lui dit: "J'ai froid, j'ai froid."
Alors elle dit: "Attends une minute, je vais te donner du vert." Ça brillait et le soleil était content.»

N'est-ce pas simple et charmant? Mais, au-delà du charme, essayons de voir ce que nous révèlent les archétypes utilisés.

La lune et le soleil sont des représentations symboliques – archaïques même – de la mère et du père.

La "madame", c'est Isabelle qui se donne un rôle, elle monte sur la lune et donne au vert de la chaleur; et ce vert rend le soleil content!

---

[10] James Hillman, La Beauté de Psyché, Montréal, Ed. Le jour, 1993, p. 253.

[11] Paroles rapportées par Yannick François dans Françoise Dolto, Paris, Coll. Païdos-Centurion, 1990, p. 74.

Le vert est une couleur reconnue pour le calme qu'il dégage et la paix qu'il suscite. Cette madame se colle sur la lune, sa mère, pour réchauffer le soleil, son père qui dit "j'ai froid, j'ai froid".

Pourquoi Isabelle se dit-elle madame? Peut-être dans un désir de devenir épouse de son père? Comme tant d'autres, cette enfant prend en charge le réchauffement de ceux qu'elle aime, en l'occurrence son père.

Toutes les productions d'enfants ne se font pas aussi transparentes et il n'est pas toujours facile de découvrir ce qu'elles révèlent de l'état d'âme de l'enfant.

De toute évidence, lorsque notre intérêt s'éveille à cette profondeur de la symbolique utilisée par les enfants pour se dire, la tentation d'interpréter les dessins se fait présente. Bien qu'interpréter ne soit pas de notre ressort, il n'est nullement interdit de parfaire nos connaissances pour améliorer notre lecture d'images et alimenter notre foi en la capacité d'expression des enfants. **Il s'agit toutefois d'être prudent et ne pas en faire une analyse abusive.**

Tirer des conclusions et s'y fier demeure toujours un risque. Les sentiers de l'âme ne sont pas faciles à dégager et nous ne voudrions pas, par une malencontreuse maladresse, nuire à l'enfant. Cependant, nous pouvons voir, avec beaucoup d'acuité, que les productions des enfants sont révélatrices d'un cheminement expressif d'eux-mêmes et que leur démarche pour parvenir à se dire fait appel à beaucoup de sensibilité. Ainsi, ces créations prendront de l'importance à nos yeux et nous serons alors enclins à les favoriser dans notre grille horaire.

Elisabeth - 5 ans

Chapitre 8

Deux montagnes et un soleil levant

> «*Le processus de symbolisation est le même dans toutes les cultures et pour toutes les races parce qu'il s'appuie sur le vécu corporel pré et post-natal.*»[12]

Je me suis longtemps interrogée sur le fait suivant: pourquoi tous les enfants de quatre à six ans environ dessinent-ils deux montagnes de formes rondes et un demi-soleil rayonnant entre elles? Peu à peu, aidée par mon intuition et à travers de nouvelles connaissances, j'ai trouvé le début d'une explication: l'enfant se représenterait à sa naissance, sorti d'un lieu sombre, il arrive dans la lumière. Il se fait donc soleil? Bien sûr! Il est le soleil, il est le monde!

A la lecture d'un psychanalyste Jungien qui décrivait le "Moi-solaire", le complément à ma recherche me fût révélé. Ce dessin serait pour l'enfant la représentation de son «appartenance au monde céleste, spirituel, capable de s'opposer au monde de l'inconscient corporel, terrestre et maternel; les deux pôles psy-

---

[12] Varenka et Olivier Marc, <u>Premiers dessins d'enfants</u>, Paris, Ed. Nathan, 1992, p. 28.

chiques – les deux montagnes – étant d'abord projetés sur le couple parental. Depuis toujours le dieu soleil a été l'image archétypique de la conscience, donc du développement humain {...} l'émotion du soleil levant apporte lumière et chaleur: si je peux sentir et comprendre, je peux être sujet agissant.»[13] C'est donc la naissance de la conscience dans un cadre parental, sécurisant. Depuis cette explication, mon admiration pour les dessins du "Moi-solaire" ne connaît plus de bornes.

Lorsque parfois, l'être humain me semble petit, si petit, l'image du Moi-solaire me réconcilie avec sa grandeur...

---

[13] E. Neumann, The origins and history of consciousness, Londres, Karnac, 1989, p. 42.
Propos rapportés par Jean-Pierre Falaise, <u>Cahiers Jungiens de psychanalyse</u>, #79, Des trois soleils aux trois ponts, Paris, printemps 1994, p.34.

Chapitre 8

Les oiseaux en forme de "N" ou de "V"

> «Les archétypes sont des réserves d'enthousiasme qui nous aident à croire au monde, à aimer le monde, à créer notre monde.»[14]

Voici un autre questionnement vis-à-vis d'un archétype très prisé par les enfants, les oiseaux en forme de "V" ou de "N" qui se promènent à profusion dans les productions des cinq ans. Cette forme, répétée ad infinitum et dessinée avec le sérieux d'un rituel, devient du "bourrage" dans l'espace de leur ciel. Regardez-les dessiner et vous verrez que la répétition de ce mouvement leur procure une sensation de plaisir!

Il est dit que l'enfant dessine ce qu'il "sait des choses" et ce qui caractérise la chose. A titre d'exemple, l'enfant qui dessine un chat lui fera les moustaches de façon apparente de telle sorte qu'il ne laisse aucun doute sur son intention. En est-il ainsi des oiseaux en vol? Leurs larges ailes sont-elles uniquement une caractéristique? Je ne crois pas. L'oiseau en vol, en forme de "N"

Andrée - 7 ans

---

[14] Gaston Bachelard, <u>La poétique de la rêverie</u>, Paris, Ed. PUF, 1960, p.109.

Les archétypes

ou de "V", est souvent rejeté par les éducateurs qui désirent voir apparaître de "vrais" oiseaux, ayant un bec et des ailes; je comprends, j'ai déjà réagi de cette façon! Mais lorsque j'ai pénétré la symbolique des archétypes, ma vision des choses s'est élargie. Ces oiseaux que tous les enfants du monde répètent, représenteraient-ils "le vol dans le ciel"? Serait-ce une image archétypale symbolisant la liberté? Je rêve qu'il en soit ainsi! Mais oui, les enfants prêteraient leur ciel aux oiseaux pour qu'ils puissent y danser; ils leur font de très grandes ailes pour qu'ils se rendent jusqu'au ciel, si haut, si haut!

Et, depuis cette réflexion, j'ai vu les lettres volantes se transformer en oiseaux libérés. Allez les enfants, multipliez vos oiseaux, donnez-leur de larges ailes, car après tout, me dis-je avec nostalgie, les oiseaux ne font que passer.

Bruno - 6 ans

Chapitre 8 ─────────────────────────

La fleur tulipe

> «L'utilisation du processus symbolique, dans l'acte humain, se développe et s'acquiert assez progressivement, au cours de la maturation de l'individu. La possibilité de l'utilisation du symbole, qui marque l'apparition de l'activité spécifiquement humaine, apparaît vers la sixième ou septième année.»[15]

Voici une dernière image archétypale. Elle me tient à cœur parce que j'en ai fait récemment la découverte. Il s'agit de "la fleur tulipe" que nous retrouvons dans tous les dessins des filles lorsqu'elles atteignent environ sept ans. Cette fleur possède une tige, deux feuilles et une corolle. Presque toujours au centre de la page, cette fleur dessinée ou peinte, s'accompagne d'un nuage qui l'arrose abondamment.

Sans aucun doute, un classique de cet âge! Digne représentant de la féminité croissante chez l'enfant, l'eau, symbole on ne peut plus féminin, arrose la fleur afin que la féminité s'épanouisse. Protection et attention de femmes!

Notons le fait qu'en général, les petites filles de cet âge portent un intérêt accru à leur enseignante. Je crois que, d'une certaine façon, certaines d'entre elles en deviennent amoureuses! Elles désirent être constamment près d'elle, la toucher, obtenir son attention et rêvent de lui ressembler.

Cet état de fait temporaire, bien sûr, nous fait comprendre qu'il se passe chez l'enfant une transformation qui, à la fois, la séduit et l'inquiète. Il est important de s'y arrêter.

---

[15] Françoise Dolto, <u>La difficulté de vivre</u>, Paris, Ed. Vertiges du Nord/Carrère, 1986, p. 157.

Les archétypes

Cette représentation de la fleur et ce comportement sont symptomatiques d'un besoin d'affirmation d'identité. Pour s'affirmer et se reconnaître dans tout sentiment qui se vit, il est nécessaire d'avoir le regard de l'autre, l'adulte aimé et admiré. Dans ce cas-ci, c'est une femme qui est choisie puisque l'enfant, elle-même, se sent devenir femme.

«Je suis une petite fleur et je reçois beaucoup de pluie.
Je n'aime pas beaucoup ça.
Dans un sens j'aime ça parce que ça me fait boire.
Mais quand il y a des orages, je fane.»

Virginie - 7 ans

Chapitre 8 ─────────────

Une tristesse à partager

Combien de fois n'ai-je pas entendu les éducateurs déplorer le fait que les enfants représentent toujours la même chose : une maison, un soleil, des nuages, etc. En saisissant mieux l'importance de leur savoir archétypal, peut-être cesserons-nous de solliciter les enfants à faire autre chose ? Nous sommes malheureusement pressés de voir les enfants progresser et nous désirons les sortir des chantiers de base qui sont les leurs, pour les amener dans un ailleurs qu'ils ne connaissent pas encore ! Suite à cette attitude, nous oublions de nous arrêter pour accueillir ce qu'ils font en leur procurant tout simplement notre confiance. Pourtant, ces chantiers merveilleux et universels qu'ils explorent sont nécessaires à leur ancrage dans le monde.

Si nous cultivons un regard qui dépasse l'apparence des choses pour aller dans la profondeur de la symbolique, notre rapport à ce que les enfants vivent et produisent prendra un tout autre intérêt, nos interventions aussi ! Persuadés qu'ils utilisent des schèmes élémentaires, possédant une symbolique intrinsèque et universelle qui révèle un sens bien plus profond que le simple élément dessiné sur la page, nous serons dans l'admiration, si ce n'est dans l'émerveillement. D'ailleurs, n'avons-nous pas été ce bel enfant doté de tout ce pouvoir de création ? Que faisons-nous de cette richesse archétypale qui nous habite encore ?

Chapitre

9.

Des activités qui "font sens"

La passion mobilise et nourrit l'intérêt; elle l'entretient et l'oriente.

Le métier d'enseignant est passionnant mais aussi très ardu, ce qui l'oblige à se mettre constamment en recherche d'un bon équilibre, sans quoi il perd sa flamme et sa belle capacité énergétique.

Jour après jour, l'action éducative prend ses assises et son relief et s'inscrit dans le déroulement de chacun des apprentissages. Cependant, pour que ceux-ci deviennent significatifs pour les enfants, il faut qu'ils soient vécus au cours d'activités tout aussi significatives pour eux. C'est pourquoi le choix de nos activités est important et doit obligatoirement s'orienter vers ce qui "fait du sens".[1]

---

[1] Le "sens" étant tout ce qui reste après avoir vécu l'apprentissage.

Chapitre 9 ────────────────────────────

Le corps participant

«Quand nous sanctionnons l'activité physique d'un enfant, nous réduisons son champ d'expérience, nous entravons le développement de son intelligence et nous l'encourageons à réprimer l'expression naturelle de ses émotions.» [2]

Pour croître et évoluer, le corps a besoin de bouger. Chez les enfants, ce besoin est vital et il se manifeste constamment!

Il est pourtant surprenant de voir que, malgré toutes nos connaissances sur les besoins qu'ont les enfants d'être en mouvement, nous les maintenions encore trop souvent et trop longuement assis! Ils deviennent ainsi énervés, puis inhibés. Contraints dans leur nature, ils ne savent plus ni entendre ni écouter, ils se sentent captifs et ne pensent plus qu'à se libérer. Le trop-plein d'énergie doit constamment trouver un exutoire; la capacité d'écoute et de réception des messages devient ainsi disponible car peu à peu, le corps se calme et l'esprit s'éveille de lui-même.

Une des premières activités à faire vivre à l'enfant – et ce, à maintes reprises – est la prise de conscience de son corps. Bien sûr, des activités psychomotrices sont organisées, mais l'enfant a également besoin d'écouter intérieurement cette merveilleuse mécanique vivante, dynamique dont l'énergie se renouvelle sans cesse dans un mouvement lié à celui des saisons et des astres. Cette science du "corps" sera-t-elle encore longtemps négligée? Instruire l'enfant sur les fonctionnements et les besoins de son corps, sur ses puissances et sa fragilité, sur ses formes et sa beauté, c'est l'amener au plus près de lui-même et susciter de l'admiration pour ce chef-d'œuvre à nul autre pareil, qui sait recevoir la vie et plus tard, la donner. Ainsi, l'enfant apprendra qu'au sein de lui-même une énergie fondamentale a fait son nid, une énergie qui peut se mettre en rapport avec le cosmos, la terre, les grands éléments et les êtres humains.

---

[2] Thérèse Bertherat, <u>Le corps a ses raisons</u>, Paris, Ed. Le Seuil, 1995, p. 97.

Lorsqu'on s'occupe du corps de l'enfant, on fait aussi appel à la globalité de son être. Tout ce qui fait le "moi" est actif. Lorsque les énergies de ce moi ne sont pas divisées, le corps, le cœur et l'esprit fonctionnent en harmonie, la curiosité s'éveille et l'intérêt suit. Voyons comment cette belle dynamique se met en place.

Intérêt et désir, partenaires dans l'apprentissage

Sans intérêt, le désir ne se serait pas au rendez-vous.

L'intérêt est une forme d'activité du moi ou de son évolution. Il vient toujours d'un moi actif, l'exprime en le mettant ainsi en valeur. Chez le jeune enfant, l'intérêt a un caractère spontané et impulsif. Il agit de l'intérieur vers l'extérieur et répond ainsi à la demande des premiers besoins.

Quand il y a un intérêt véritable, c'est que le moi s'identifie à une idée ou un à objet. En éveillant la curiosité des enfants, en favorisant de nombreuses expériences, nous suscitons leur intérêt. Notre rôle est alors de le consolider, lui donner du pouvoir et en favoriser son expression. Ainsi, nous participons à l'éveil de leur désir de vivre et de s'inscrire dans le monde.

«Tu ne désires pas apprendre à lire?» dit une éducatrice à une enfant de cinq ans. «Mon désir n'est pas éveillé, répond l'enfant, suscite mon intérêt et mon désir prendra forme.»

Dialogue imaginaire? Oui bien sûr! Il est tout de même évocateur d'une réalité fondamentale: que d'efforts déployés pour enseigner aux enfants des choses pour lesquelles leur envie d'apprendre n'est pas encore éveillée! Ainsi, ce sont nos propres désirs que nous imposons... et c'est peine perdue.

L'appétit intellectuel suit un chemin d'éveil propre à chacun. Un jour ou l'autre, nous avons tous constaté que certains enfants éprouvaient davantage d'intérêt que d'autres. Pourquoi?

Chapitre 9

«C'est une question de désir», répond Dolto. Certaines personnes ont beaucoup de désirs, d'autres se contentent plus facilement...

Nous sommes des êtres de "désir"

> «Le besoin est répétitif, le désir est toujours du nouveau et c'est pour cela que, dans l'éducation, nous devons veiller à ne pas satisfaire tous les désirs. Mais toujours en paroles justifier le sujet de dire ses désirs et ne pas l'en dissuader ni critiquer. Les besoins, oui, les satisfaire, les désirs, les parler beaucoup.»[3]

Le désir est bon à éprouver, il est stimulant et "ré-énergisant". De façon générale, le jeune enfant n'en est pas avare et il aimerait les voir s'accomplir tous à la fois! Mais ses capacités à les combler ne sont pas toujours à la hauteur. Alors, croyant à la toute-puissance de ses parents, il leur réclame du secours... Or le désir est affaire personnelle; il appartient à chacun de savoir le combler. Alors? Dolto écrivait: «Les désirs, les parler beaucoup...» Ce qui signifie accueillir les désirs de l'enfant et en parler avec lui afin qu'il ne se sente pas seul pour y faire face. Ecoutons ce qu'il en dit, rassurons-le sur le fait que, un jour, il sera capable de les combler lui-même. Contentons-nous pour le moment de maintenir l'intérêt que l'enfant leur témoigne.

Des défis de taille

Nous avons parfois le sentiment que certaines activités rencontrent davantage l'intérêt des enfants? Nul doute, ce sont des activités qui font directement appel à leur fonction créatrice. D'ailleurs, on les retrouve toujours au palmarès des intérêts des enfants.

---

[3] Françoise Dolto, Tout est langage, Ed. Gallimard, Paris 1995, p. 30.

Projets éducatifs dans une classe multi-âges

J'eus la chance, un jour, d'accompagner mon petit-fils à une soirée de bienvenue à son école. Il participe à une classe multi-âges du premier cycle de l'élémentaire.

Claire, l'enseignante, nous reçoit. Il est touchant de sentir son réel plaisir de revoir les enfants. Deux activités sont proposées, dont un grand puzzle fabriqué par l'enseignante et posé au centre de la classe. Il sera l'enjeu de la soirée. L'image du puzzle représente le projet personnel de Claire. Elle a dessiné la terre et le cosmos, ainsi qu'un paysage avec forêts et vastes étendues de sable.

Elle désire, dit-elle, qu'en cette année scolaire, les enfants entrent dans le monde des maths, et ce, dans chacun des domaines qu'ils auront à explorer. «Des maths, dit-elle, on peut les retrouver partout. Ça passe par toutes les autres matières: géographie, français, histoire mais également par des dessins et l'atelier de fabrication. Les maths, cette année deviennent mon projet.»

Ayant ainsi bien situé ses intentions, Claire propose aux enfants le jeu suivant: «Au dos de chaque morceau de ce puzzle, j'ai écrit le nom d'un enfant du groupe. Je tire un morceau au hasard et l'enfant qui est nommé vient chercher son morceau de puzzle. Vous écrivez dans votre cahier de projets trois choses que vous aimeriez faire cette année. Pour l'écriture, demandez l'aide de vos parents si cela est nécessaire, bien entendu. Puis, sur votre morceau de puzzle, à côté de votre nom, vous écrivez le projet qui vous tient le plus à cœur.»

Dix minutes plus tard, chaque enfant posait son morceau par terre et le puzzle était ainsi reconstitué du côté des projets.

Chapitre 9

> Devinez ce qu'en général les enfants désiraient faire? Bien sûr, du sport et des apprentissages sportifs. Mais la grande majorité désirait avant tout des activités de création: monter une pièce de théâtre, en écrire le texte avec un ami et jouer ce texte devant le groupe. Fabriquer avec des amis un "biodôme" miniature, monter une grande maquette et construire différents lieux écologiques; faire de la gravure et monter une exposition, puis mettre toutes les gravures dans un livre et apprendre la reliure...!
>
> Tous ces projets furent bien accueillis par Claire car ils comprenaient bien entendu tous les apprentissages qu'elle désirait leur voir faire: des maths, un peu de physique, de la géographie accompagnée de zoologie, des présentations en français, etc. L'année était chargée et l'enthousiasme au rendez-vous!

Les enfants projettent de grands rêves qu'ils désirent réaliser... Ce soir-là, ils anticipaient déjà le plaisir que leur procureraient exploration, invention et création. Durant cette soirée, leurs beaux désirs et leurs ambitions ont focalisé toute leur attention. Et pourquoi pas? Le rêve a toujours sa raison d'être et plus particulièrement lorsqu'on revient de vacances et que l'envie de retrouver ses amis et de construire avec eux se fait bien grande.

L'enseignante qui laisse les enfants se plonger dans leurs rêves n'est pas surprise de rencontrer une classe vivante dont les projets peuvent parfois friser l'utopie. Mais, de l'utopie, il en faut pour arriver à élever le niveau des désirs! Cette enseignante, Claire, devra maintenir l'intérêt de chacun des enfants. Ce sera sa première préoccupation, car souvent la pensée voit grand tandis que l'action rejoint des limites. Il faut donc apprendre aux enfants à être fiers de ce qu'ils parviennent à faire au jour le jour et compter sur le fait que tout apprentissage qui permet au moi d'être en action laisse l'énergie personnelle circuler. Ce moi de l'enfant en situation d'apprentissage sollicite toutes les forces

Les activités qui "font sens"

vitales de son être. Et c'est ainsi qu'il apprend sans toutefois parvenir toujours au résultat escompté.

Au cours de l'exécution de ces projets, une autre action éducative, tout aussi importante que la première, devra être maintenue. Il s'agit d'aider les enfants à nommer leurs apprentissages : ce qu'ils ont compris, comment ils ont agi et ce qu'ils peuvent faire pour les intégrer à d'autres connaissances. La parole convoquée afin de venir soutenir la mémoire cognitive aide, par le fait même, à orienter l'enfant dans son futur travail.

Explorer et découvrir...

Il y a plusieurs façons d'apprendre et tous les enfants n'apprennent pas de la même manière ! Que ce serait compliqué si nous n'étions pas convaincus que tous les enfants aiment explorer, découvrir, être mis en situation et que, de cette manière, ils apprennent.

Qu'est-ce qui intéresse les enfants d'aujourd'hui dans le domaine de la créativité sinon le fait d'être en action à partir de leurs propres forces et de découvrir leur sentiment de prégnance sur la vie. Quand rien n'est imposé et que tout va de soi dans la recherche du faire, y a-t-il meilleur apprentissage ? Que ce soit dans un domaine ou dans un autre, l'explorateur et l'inventeur réclament d'être actifs !

C'est leur créativité qui se déploie au cours de ces actions et qui leur révèle leur capacité de s'approprier leur univers. Souvenons-nous des multiples explorations que le petit enfant a accomplies au cours des premières années de sa vie. Ne nous a-t-il pas enseigné comment nous y prendre pour que son intérêt s'éveille ? Et que garde-t-il de ses souvenirs d'explorations et de découvertes ? Un émerveillement de vivre et d'apprendre.

Le corps doit être en action, l'intelligence en fonction et le cœur dans la satisfaction !

Chapitre 9

Faire des liens

«*Nos connaissances nouvelles peuvent éclairer celles qui nous ont instruits autrefois, et celles-ci approfondir celles-là.*»[4]

Avant d'aller vers l'inconnu, l'enfant a besoin d'être situé par rapport à ce qu'il sait déjà. Rassuré, il sera disponible pour agrandir son champ de connaissances. Lorsque l'enfant peut rattacher un savoir à un autre, faire des liens entre ses connaissances, il reste en éveil, curieux, attentif à connaître, satisfait de lui-même. Il est à la recherche d'activités qui lui apporteront les mêmes plaisirs, la même sécurité et les mêmes gratifications. Partez de ce qui est déjà connu par l'enfant et le désir d'en savoir davantage suivra. La connaissance se bâtit sur un "déjà su" qui a pris racine quelque part dans l'enfant : un connu sensoriel, un connu émotif, un connu intellectuel, mais un connu ! **L'art de faire grandir la connaissance de l'enfant se trouve dans la recherche de ce qu'il a déjà enraciné.**

Nous devons donc comprendre l'importance de faire des choix d'activités qui répondent à ce besoin du connu, tout en entraînant l'enfant vers des sentiers non encore explorés. Avant d'enseigner une chanson, il faut en faire chanter une qui est connue, aimée, qui fait appel au plaisir d'expression. La nouvelle chanson prendra la relève du plaisir et s'apprendra plus facilement ! Une activité doit donc naître d'une autre qui a été aimée, réussie et qui a laissé des traces.

Favoriser l'ouverture de nouveaux champs d'intérêt

Il nous faut croire aux intérêts manifestés par les enfants même si nous pensons qu'ils seront de courtes durées. Peu importe, c'est une ouverture de plus dans la connaissance et nous ne pouvons décider de ce qu'en fera la mémoire du temps.

---

[4] René Alleau, La science des symboles, Paris, Ed. Payot, 1982, p 21.

Alexis, huit ans, apporte à l'école sa nouvelle collection de timbres. Il en est aussi fier que s'il avait entre les mains la richesse du monde! Tout en protégeant son trésor, il le présente à ses amis sans toutefois leur permettre d'y toucher. Des enfants s'exclament, questionnent et les petites mains se font de plus en plus impatientes d'entrer en communication avec la chose. Alexis, heureux, explique ce qu'il connaît et avoue candidement ne pas tout savoir!

Que c'est agréable de le voir fonctionner ainsi! «Ce timbre vient du Japon, dit-il, ces chiffres représentent des yens.» Puis, montrant l'image, il dit fièrement: «Au Japon, ils ont des fleurs, des orchidées je crois. Cet autre timbre vient de la Corée, je ne connais pas le nom de la monnaie, mais mon père m'a dit que les chiffres ici indiquent le coût de quarante-cinq sous environ.» Et pendant dix minutes, Alexis continue ses explications.

Beau moment d'éveil pour ceux qui n'avaient jamais prêté attention aux timbres et à tout ce qu'ils révèlent d'instructif. Bien entendu, l'intérêt ne sera pas le même chez tous les enfants. Ceux à qui Alexis a enfin donné le privilège de manipuler les timbres se montrent plus intéressés que les autres, cela va de soi!

L'intérêt de l'activité sera décuplé quand l'éducatrice révélera son propre intérêt pour la collection d'Alexis. Jusqu'alors, elle s'était contentée d'observer l'attitude des enfants et avait ainsi retenu les points d'intérêt: l'image sur le timbre, la monnaie des différents pays, les lieux connus et inconnus, les couleurs vives et les différents thèmes évoqués. Il lui restera à préciser les apprentissages qu'elle désire leur voir faire à partir de ce nouvel intérêt.

Donc, par observation, elle pourra déclencher des activités reliées aux timbres. En rappelant aux enfants leurs réflexions, leurs connaissances, leurs questions, elle établira leur connu et leur intérêt pour ensuite les stimuler à aller vers l'inconnu. Des

Chapitre 9 ─────────────────────────────────

moments seront prévus pour stimuler le groupe à ouvrir les dictionnaires, les manuels de géographie, le bestiaire, les livres sur les vêtements d'époque, sur l'aéronautique et ainsi de suite. L'enseignante saura rendre les enfants capables de rechercher, de classifier par sujets, par années, par pays.

La suggestion de commencer en équipe une collection de timbres viendra de l'éducatrice, soucieuse d'associer les enfants à l'intérêt d'Alexis. Même si la collection encourt le risque de ne pas se poursuivre durant toute l'année, elle aura été, pour un certain temps, un centre d'intérêt et en aura favorisé de multiples autres.

Peut-être n'y aura-t-il eu qu'une petite équipe qui se sera intéressée à l'activité de philatélie, peu importe. C'est du fonctionnel, il faut s'en servir.

Plaisir, joie, effort, volonté, compagnons dans la découverte

Le plaisir...

Le plaisir n'est pas nécessairement l'éclatement. C'est l'expression d'un état de bien-être vécu dans une situation précise. Ressentir du plaisir procure le sentiment d'être vivant et de se "ré-énergiser". Le plaisir peut venir de l'émerveillement, il peut être exprimé de façon subtile, sans éclat. Celui des enfants est beau à voir tellement il est intense et brillant!

Le plaisir prend dans nos vies une place importante. Ne fait-il pas bouillir la marmite de nos intérêts? Gaieté, légèreté, bien-être sont des états émotionnels, et ces états ressentis attisent le sentiment de plaisir qui nous est toujours agréable à vivre. C'est d'ailleurs la voie du plaisir que les enfants choisissent pour entrer d'eux-mêmes dans la connaissance. Et ce sera aussi le sentiment de plaisir qui cautionnera les efforts accomplis.

Souligner à un enfant le plaisir qu'il a pu ressentir, c'est lui donner la permission d'en prendre. Si le plaisir est rarement au rendez-vous, il y a risque de régression de l'intérêt et de ce fait, le désir s'amenuise.

Dans l'exercice de la pédagogie, il faut savoir aussi bien compter sur l'intérêt que sur le plaisir, car ils sont inséparables. Leur présence est rassurante, elle nous confirme l'ouverture des enfants aux apprentissages. Servons-nous d'eux comme d'un baromètre qui nous indiquerait ce qui va, ou ce qui risque de ne pas aller. Et invitons-les à présider au choix de nos activités.

Autant le plaisir a pénétré notre vocabulaire dans les dernières décennies, autant certains mots en ont été "ostracisés". Joie, effort et volonté partis en errance... Où ces mots peuvent-ils s'être réfugiés?

La joie...

Il nous arrive souvent de faire référence au plaisir des enfants. Nous qualifions leurs rires et leurs comportements de "joyeux". Or, dans ce mot, se trouve tapi le mot joie, rarement évoqué; pourtant, à le prononcer, nous sentons sa lumière rayonner...

Valoriser les enfants, c'est mettre en lumière ce dont ils sont capables, c'est leur témoigner de l'admiration pour leur capacité de mise en œuvre. Dans le mot "valoriser", on retrouve le mot "valeur" et peut-être pourrait-on y glisser aussi celui de "vaillance"?

Si nous valorisons la joie, nous entrons dans le processus profond des valeurs humaines: être et s'accomplir. L'hymne à la joie devrait être dans nos cœurs.

Certes, la joie est toujours le résultat d'un travail souterrain qui ne peut s'accomplir sans passer soit par "le bel abandon", celui qui ouvre et accueille ce qui se passe dans notre vie; soit par l'effort, celui qui apporte une satisfaction de soi et fait vivre la joie. Ainsi compris, les mots joie et effort prennent un tout autre sens.

Chapitre 9 ───────────────────────────

L'effort...

> «*L'effort surgit normalement lorsqu'on tente de donner libre carrière à ses pouvoirs - les pouvoirs de l'enfant qui ne demandent qu'à croître - pour en assurer la croissance et l'épanouissement.*»[5]

L'effort porte souvent sur le désir de vivre et bien vivre, d'aimer, d'apprendre, de connaître, de produire, etc. Pourquoi redoutons-nous de demander des efforts aux enfants ? Pourtant, poussés par leurs forces motrices et leur volonté d'arriver à leurs fins, d'eux-mêmes, ils accomplissent beaucoup d'efforts ! Voyez-les grimper sur une chaise quand ils sont tout petits et tomber et recommencer plusieurs fois, nous voyons bien qu'ils ne craignent pas d'investir une immense énergie accompagnée d'efforts pour arriver à leurs fins.

En soi, l'effort n'est pas intéressant et personne n'est assez masochiste pour le rechercher ! Il n'est valable que s'il apporte de la valeur au sujet désiré. Cependant, il fait partie intégrante de certains apprentissages et le quotidien ne manque pas de nous le rappeler ! Quand l'action à accomplir est marquée par l'intérêt, donc le plaisir, l'effort devient "naturel"... On ne peut donc l'ignorer, on peut tout simplement l'apprivoiser et s'en servir dans un but structurant.

L'histoire d'un "bel effort"

Au-delà de la clôture voisine, j'observe un matin le petit Arthur âgé de deux ans et demi. Il met tout son cœur à participer au travail collectif des autres membres de sa famille. Au jardin, papa, maman et la sœur de six ans construisent un muret. Fort occupé, aucun d'eux ne prête attention au petit qui, de son côté, met toute sa volonté et son énergie à transporter des pierres, si bien que chaque fois qu'il en soulève une, il devient tout congestionné. Il

───────────────
[5] John Dewey, L'école et l'enfant, Paris, Ed. Delachaux Niestlé, p. 52.

n'abandonne pas pour autant la tâche qu'il s'est donnée. Il est si attentif à ce qu'il fait qu'il me semble voir briller sa détermination dans ses yeux! Chaque pierre rendue à bon port, c'est-à-dire aux pieds de son père, signifie visiblement délivrance et fierté.

Cet enfant éveille mon admiration et ma tendresse. Il est tellement sérieux dans son travail et tellement émouvant!

Si les adultes pouvaient devenir davantage conscients du profond besoin des enfants à être considérés par ceux qu'ils aiment comme étant des êtres "capables", aussi bien de plaisir que d'efforts, leur confiance en eux-mêmes en serait fortifiée.

Ce matin-là, joie et effort étaient au rendez-vous...

L'histoire d'une vidéo

Je me souviens avoir demandé à un père, dont l'enfant fréquentait mes ateliers, de visionner une vidéo qui présentait les activités de mes ateliers d'expression. Il était réalisateur-cinéaste et son opinion sur le travail accompli m'importait beaucoup. Nous visionnons ensemble. Il semble être fort intéressé par la production. Mais voilà que ma vidéo se termine sur cette image: j'ai les deux mains posées sur les épaules d'une enfant de neuf ans qui prend appui sur moi et toutes deux, nous regardons sa peinture fraîchement terminée. Des images précédentes avaient montré l'enfant en cours de travail et témoignaient des interventions et du soutien que j'apportais au fur et à mesure que le processus se déroulait. Or dans cette dernière image, nous entrons en dialogue:

En souriant, je lui dis «Tu es satisfaite de toi, ça se voit!»

Chapitre 9

> Elle répond spontanément: «Oui, j'ai fait de "beaux" efforts!»
>
> Et la vidéo se termine sur cette image qui témoigne d'une belle connivence et du plaisir évident qui nous habite l'une et l'autre.
>
> Mon père-de-famille-cinéaste-réalisateur-de-films-éducatifs-pour-parents me dit d'un ton qui n'appelait aucun échange: «Tu devrais enlever cette dernière image. Je ne sais pas ce que vient faire ici cette phrase sur l'effort accompli. Tout au long de ta vidéo, tu axes ton message sur le plaisir et voilà que tu parles d'effort!»

Je constatai alors qu'il était de la génération des parents qui, de façon systématique, ont renoncé à réclamer des efforts de leurs enfants. Je crois que ces personnes en ont eu ras le bol, durant leur enfance, d'être constamment obligés de faire des efforts pour contenter ceux qui les leur réclamaient. Des efforts pour tout et pour rien et souvent peu reconnus! Et puis, cette éducation autoritaire ne se souciait pas de l'attention et de la tension que l'effort réclamait parfois. On ne se souciait pas davantage de l'intérêt que la personne pouvait avoir pour accepter l'effort.

Toutefois, n'en doutons pas, ces personnes aussi allergiques à ce mot doivent, elles aussi, faire face quotidiennement à l'effort, mais le nommer les rend malades!

Et maintenant, la volonté?...

La volonté est une faculté qui vient simplement réaliser ce que l'intelligence a saisi et ce que le cœur désire. Elle est le moteur de l'agir et se met en action par amour de la fin à atteindre. Les buts peuvent être à court ou à long terme, mais suffisamment motivants pour y mettre de la volonté. Chez les jeunes enfants, les intérêts sont nombreux, mais souvent fugaces. Ils parviennent parfois à survivre à condition que l'attention et le soutien viennent renforcer le désir d'action.

Tout est affaire de désir!

Lorsque nous nous intéressons à quelque chose, notre pensée est active; il faut cependant passer à l'action pour que l'intérêt se poursuive et se renouvelle. Si l'intérêt n'est pas soutenu, le désir éprouvera de la difficulté à survivre. Mais si l'intérêt est fort, le désir bien vivant stimulera à son tour la volonté pour qu'elle vienne le combler.

Volonté, moteur d'action!

Offrir des activités qui favorisent l'interaction

Une chasse au trésor

Ghislaine, enseignante d'une classe multi-âges, d'enfants de six à neuf ans, promet à son groupe-classe de faire un jour une course aux trésors dans le sous-sol de leur grande école, lieu inhabité, possédant plusieurs divisions et rempli de couloirs, de coins et de recoins. Un lieu idéal pour chasser... et les enfants le savaient bien!

Mais voilà que Ghislaine tarde à remplir sa promesse. Les enfants réclament l'activité et chaque fois, elle leur répond: «Oui, oui, je n'ai pas eu le temps, je n'oublie pas.» Un jour, excédée par les pressions qu'ils exerçaient sur elle, Ghislaine leur demande de ne plus lui en parler. Elle ajoute: «Faites-moi confiance, c'est à mon agenda.»

Des enfants en attente d'un plaisir ne se font pas nécessairement silencieux! Voilà que l'un d'eux compose une ritournelle chantante:

«La course, la course au trésor se fera, c'est Ghislaine qui décidera. Mais quand? Nous, on ne le sait pas, on ne le sait pas!» Evidemment, tous les enfants apprirent ce

Chapitre 9

refrain en un rien de temps et se mirent à le scander à tous moments, si bien que, ayant trouvé leur initiative amusante, Ghislaine passa à l'action.

Elle fit alors appel aux plus âgés du groupe. Ceux-ci, fiers d'être sollicités, se mirent à organiser les étapes de la course : choisir le trésor, organiser le départ des équipes, indiquer sur papier les obstacles du parcours et les consignes auxquelles les enfants devront obéir pour rester dans la course, etc. Enfin, le jour "J" arriva. Vingt-huit enfants, excités bien sûr, descendirent au sous-sol accompagnés de leur enseignante, un peu anxieuse !

«Eh bien! me dit-elle, c'est moi qui fus la plus enthousiaste du groupe! Il aurait fallu que tu les voies. Les organisateurs avaient déployé une telle ingéniosité dans leur préparation que les enfants-participants étaient obligés d'user d'imagination pour vaincre les obstacles qui se trouvaient sur leur chemin et découvrir chacune des cachettes qui contenaient les directives pour trouver le trésor. Je me suis sentie dans un bain d'imagination et de créativité et je t'assure que ça m'a fait grand bien. Les enfants sont générateurs d'énergie.»

Suite à ce témoignage, je pensai qu'il fallait peut-être, parfois, différer quelque peu les attentes des enfants afin de maintenir leur désir et leur enthousiasme, c'est à réfléchir...

Le court et le long terme
«Le futur n'existe pas dans l'enfance.»[6]

Beaucoup d'adultes harcèlent les enfants sur leur avenir: «Quand tu seras une grande fille, tu t'occuperas bien de ta maman n'est-ce pas?» ou «Plus tard, tu iras au collège puis, à l'université. Il te faut étudier pour cela!» ou encore ils posent cette éternelle question: «Que feras-tu quand tu seras grand?» «Pompier», répond immanquablement le garçon de quatre ans! En projetant l'enfant dans un univers qu'il ne connaît pas, nous n'entretenons aucun désir chez lui, nous entretenons les nôtres! Parler aux enfants de leur passé, certainement, mais leur parler de leur avenir, c'est rencontrer un vide dans l'imaginaire.

L'intégration des notions de temps et d'espace se fait à partir des expériences vécues qui laissent leurs traces dans notre mémoire organique. Vers l'âge de six ans, l'enfant commence à comprendre que son désir peut être reporté à plus tard, pour autant, bien sûr, que ce "plus tard" soit dans la ligne de ses connaissances. A titre d'exemple, l'enfant de six ans pourra différer son attente d'une nouvelle bicyclette si on lui explique qu'il l'aura quand le printemps viendra. A cet âge, l'enfant sait que le printemps vient après l'hiver. Il prendra appui sur sa connaissance et pourra attendre et garder son désir vivant.

La motivation[7] réclame un motif. Pour que ce motif soit entretenu, il faut être capable de projeter un intérêt dans l'avenir, comme par exemple: «Je vais apprendre à nager, dit Alicia, parce que l'été prochain je veux faire de la voile.» Voilà un projet, dont le motif soutiendra l'intérêt d'apprentissage. Nous avons vu que les enfants de la classe de Ghislaine éprouvaient encore de la difficulté à différer leur attente. Afin d'être capables d'attendre le bon vouloir de Ghislaine, ils se sont soutenus et stimulés. Jusqu'à un certain point, ils y sont parvenus.

---

[6] Christian Bobin, <u>La part manquante</u>, Paris, Ed. Gallimard, 1989, p. 34.

[7] Motivation: action des forces conscientes et inconscientes qui déterminent un comportement. <u>Petit Robert</u>, Ed. 1981.

Chapitre 9

A cet âge, ils ont quelques idées du plaisir qui les attend et ils ont aussi le sentiment qu'un bon moment s'annonce. De plus, les éléments de surprise que contient une chasse au trésor venaient à la fois exciter leur désir et soutenir leur impatience! Il n'aurait pas fallu que cette activité soit différée encore longtemps; à la longue, elle aurait perdu de son attrait.

Les plus jeunes enfants ne connaissent que le court terme et leur désir réclame l'accomplissement immédiat. Afin de garder leurs désirs bien vivants et d'entretenir l'intérêt dont ils témoignent, il nous faut proposer des activités qui se déroulent dans l'immédiat et dans un temps relativement court. Ceci permet aux enfants de les accomplir jusqu'au bout et d'en retirer de la satisfaction. Quelques jours pour les enfants de quatre ans, ou une ou deux semaines pour ceux de cinq ans et cela suffit à leur entendement.

Donc, chez les jeunes enfants, la motivation ne peut pas être soutenue car le corps ne s'est pas encore adapté à la durée du temps et les désirs ne sont pas suffisamment ancrés dans les images.

Un projet à long terme

Il arrive parfois que l'on prenne davantage plaisir à préparer une activité qu'à la vivre. Plusieurs adultes avouent que la préparation à la fête de Noël les excite davantage que la fête elle-même.

L'histoire suivante témoigne d'une éducatrice d'enfants de cinq ans, axée sur un projet à long terme et désirant leur faire partager son enthousiasme et ses rêves.

Lucile enseigne à la maternelle depuis une dizaine d'années. C'est une personne dynamique et d'une capacité imaginative fort intéressante. Elle avait accepté une stagiaire, Thérèse, dont j'avais la responsabilité de supervision dans ses études de pédagogie. Jour après jour,

Thérèse notait ses préparations dans son journal de bord. Elle y inscrivait aussi ses expériences, ses contacts avec les enfants, son questionnement pédagogique, etc.

Je remarquai en lisant ce journal la très large place tenue par un projet classe de neige. Tous les jours, Lucile et Thérèse vivaient par anticipation cet événement qui s'annonçait. Sans contredit, un événement superbe ! Vivre pendant cinq jours des expériences à l'extérieur de l'école, dormir, manger et faire la classe en plein air, voilà des moments qui enrichiront aussi bien l'imaginaire des enfants que leur santé mentale et physique. Bravo !

J'éprouvrais quand même quelques réticences. Nous étions en janvier. Quelle date était prévue pour cette classe de neige ?

J'allai en classe rencontrer ma stagiaire et tout son beau petit monde. Dès mon arrivée, Lucile, joyeuse, me dit : «Thérèse a dû vous dire que, dans quelques semaines, nous irions en classe de neige. J'espère que votre stagiaire pourra nous accompagner» et elle enchaîne : «Vous allez voir, je prépare les enfants. Ils sont très heureux de ce projet et très excités aussi ! Chaque jour, ils me demandent : "c'est quand la classe de neige, Lucile ?"»

Tiens, tiens... la même question que la mienne !

Eh bien voilà ce que j'ai vu, entendu et compris.

Les chansons et les comptines étaient apprises en vue de la classe de neige. En activité de fabrication, on confectionnait des marionnettes en vue d'un spectacle pour la soirée d'adieu ; on apprenait à bien ranger ses vêtements pour les retrouver en classe de neige ; les goûters, il fallait apprendre à manger de tout, car «voyez-vous les enfants, en classe de neige, les repas seront peut-être différents de

Chapitre 9

ceux de votre famille» et pour terminer ce moment d'observation en classe, j'entends Lucile demander: «Les enfants, nous allons danser et montrer à Louise ce que nous sommes capables de faire. En classe de neige nous danserons auprès d'un beau feu de joie.»

Que de Bonne Volonté! La "B.V." de tellement d'éducatrices!

Il restait huit semaines avant l'événement. Je me suis dit que la lassitude d'entendre les propos de Lucile envahirait les enfants. Leur enthousiasme ne tiendra sûrement pas le coup! Et c'est ce qui est arrivé. Thérèse, elle-même, en a eu marre! Elle s'est mise à travailler au présent, pour le plaisir du présent. Et elle m'a avoué que Lucile avait finalement baissé les bras. Le plaisir anticipé s'estompait. Certains enfants ne désiraient même plus participer à la classe de neige. Sans doute avaient-ils senti à ce propos une certaine pression de la part de leur enseignante. Peut-être même quelque désarroi devant quelque chose que l'on désire beaucoup et qui n'arrive... jamais! Peu à peu, dans la classe, le futur a pris place dans le passé.

Le présent si précieux

Le présent, si précieux pour la formation et l'éducation des enfants de cet âge, se trouve évacué au profit d'un avenir sur lequel les enfants n'ont aucune prise, même pas imaginaire! La fixation de Lucile sur cette activité venait probablement de son propre besoin de chercher une motivation pour continuer quotidiennement son travail, pour rompre avec la routine et sûrement aussi pour stimuler la motivation d'apprendre des petits enfants. Mais les enfants, eux, n'ont pas besoin de ça! Ils vivent dans le présent et celui-ci leur apprend tout!

Les activités qui "font sens"

Je me rappelle qu'un jour, un ami me racontait qu'il avait amené son fils alors âgé de cinq ans à un spectacle d'acrobatie dans un cirque. En sortant du spectacle, il avait questionné l'enfant, mais en vain. Probablement que l'enfant avait vécu ces deux heures dans l'intérêt et le plaisir et qu'il ne désirait pas commenter ce "déjà passé" pour lui.

Quelques jours plus tard, à la maison, lors d'un repas, l'enfant s'était mis à parler d'un petit chien blanc qui tournait en rond en portant une petite balle rouge sur son nez. Et voilà que les images du cirque émergeaient !

L'enfant vit ses images à son rythme et avec ses propres capacités d'absorption. Voilà tout.

Combien de parents sont déçus lorsqu'ils ramènent leur enfant à la maison après la classe, et que, bien intentionnés, ils le questionnent ; celui-ci ne raconte rien, ne veut rien dire. Eh oui, l'éternelle question : «qu'est-ce que tu as fait ce matin à l'école ?» ennuie les enfants. On entre dans leur univers et cet univers, il faut qu'ils l'intègrent avant d'être capables d'en parler. Et puis, ils l'ont vécu, pas besoin de le raconter ! Ils sont dans le présent, eux !

Pourtant, si nous sommes attentifs, nous nous rendons compte que les enfants racontent beaucoup, mais en des temps différés.

Souvent, ils parlent et nous trouvons que leur discours n'est pas fondé. Ce qu'ils disent nous semble sans importance. Il est vrai que très souvent, ils changent "la vérité" de ce qui s'est passé, et nous, nous désirons qu'ils soient réalistes, raisonnables et vrais. Mais c'est leur imagination qui, entre-temps, s'est mise à travailler. Des images se sont multipliées en eux et ils les expriment à partir de ce nouveau présent.

Ne voulons-nous pas faire vieillir les enfants avant le temps ?

Chapitre 9 ─────────────────────────────

Et parfois, ne voulons-nous pas les garder bébés, pour nous, pour notre plaisir? Oh! dilemme et questionnement...

Les enfants ont le droit de jouer avec leurs images, d'y croire et de les interpeler chaque fois qu'ils en sentent le besoin. Un jour, ils sauront modérer les transports d'une imagination débridée, peut-être même beaucoup trop rapidement.

Ils auront alors quitté l'enfance.

Les enfants seront bientôt capables de travailler sur une activité qui aura un lendemain et même, parfois, des jours plus éloignés pour se réaliser. En attendant, chacune des activités que nous leur offrons doit "faire sens" pour eux, c'est-à-dire s'accomplir dans le temps en fonction de leur âge.

Partir de notre connu et enrichir celui des enfants

> «*L'action pédagogique n'a sans doute pas d'autre objet que celui d'élargir le champ culturel de chaque enfant par une sorte de contagion inconsciente (...) l'imagination des enseignants doit faire appel à tous les éléments d'une culture vécue*»[8].

La stimulation de l'intérêt passe par l'éducateur mais encore faut-il qu'il soit lui-même enthousiaste et stimulé par ce qu'il vit et met en œuvre! Enrichir les autres réclame d'être curieux soi-même! Savoir ce qui nous intéresse, ce qui nous passionne et livrer aux enfants notre flamme, qu'il s'agisse d'un intérêt ponctuel ou d'activités à long terme. J'aime danser, alors, je danse! J'admire les sculptures quand je me promène dans la ville, j'en parle aux enfants. J'ai un faible pour les vêtements originaux, les beaux tissus colorés, ou encore pour les chapeaux aux formes recherchées, je le leur confie et leur fait voir mes achats. Il y a un

---

[8] Georges Jean, <u>Culture personnelle et action pédagogique</u>, Paris, Casterman, E3, 1978, p. 119.

livre qui m'a intensément fascinée ? J'en parle et j'en raconte quelques bribes.

Oui, j'en parle et j'écoute ce qu'ils en pensent, comment ils réagissent, ce qu'ils disent de leurs propres intérêts. Je leur apprends ainsi à communiquer "leur flamme".

Bien des activités peuvent surgir de telles conversations et trouver leur signification dans le besoin des uns et des autres de tisser des liens avec ceux que l'on aime.

Témoigner de sa culture, c'est entretenir chez l'enfant le désir d'être vivant et de connaître.

Trop peu d'enfants savent ce que veulent dire les mots "admirer", "valoriser", "apprécier" et réellement "communiquer" ! De ce fait, ils ignorent aussi les sentiments qui accompagnent ces attitudes.

Ne craignons pas d'agrandir notre vision, de faire des liens ; n'ayons pas peur que les enfants ne nous comprennent pas lorsque nous parlons de choses qui sont de notre culture et qui, soi-disant, n'intéressent que les adultes. Il est surprenant de voir à quel point les enfants cherchent à comprendre et comptent sur des adultes compétents pour le leur apprendre.

Soyons confiants, ils nous comprendront si notre discours est "amoureux" et se laisse interroger par eux. Il ne s'agit pas de discours linéaire, mais bien d'un échange fécond.

Transmettre avec plaisir ce que l'on sait, ce qui nous a fait vibrer, ce qui a alimenté nos réflexions, transmettre aussi ce qui nous interroge et écouter ce qui interpelle aussi les enfants, voilà qui crée de bons rapports et consolide une vie de classe riche et significative. Ils s'en souviendront, étant adultes, tout comme nous nous souvenons des enseignants qui ont su nous marquer.

Chapitre 9 ───────────────────────────────

Prendre des risques

Proposer aux enfants des activités qui les amènent à prendre des risques.

Il y aurait moins de décrochage si on avait su respecter les types de démarches d'apprentissage que privilégient les jeunes enfants, démarches basées sur leur besoin de se créer. C'est en effet à cet âge que se forme l'estime de soi et que se développe l'intérêt d'améliorer ce moi en désir de connaître et d'apprendre.

En offrant des activités pour lesquelles la fonction créatrice est requise, nous témoignons aux enfants du respect pour leur besoin de faire. Nous les confirmons dans leur droit d'exister, puisque nous leur favorisons l'accès à leurs propres images qui consolident en eux la vie symbolique et ouvrent la voie à l'inconscient, donc à la connaissance d'eux-mêmes. Le moi en évolution trouve ainsi sa place.

L'attention : une attitude profondément éducative

Dans leur curiosité de connaître, les enfants sont mouvants comme la mer. Nous nous devons de les accompagner. C'est notre attention à ce qui se passe qui nous révèle leurs changements de cap! L'attention est, sans aucun doute, l'attitude la plus profondément éducative. Etre attentif, c'est voir, c'est entendre, c'est sentir, c'est être dans le moment présent. Sans cette qualité d'attention, comment pourrions-nous éduquer des enfants?

Bases d'activités significatives

Les activités qui "font sens" sont...

* Des activités qui font appel à la fonction créatrice.

* Des activités qui répondent au plaisir et favorisent l'implication personnelle.

* Des activités qui tiennent compte du développement physique et des besoins moteurs des enfants.

* Des activités qui tiennent compte du développement intellectuel des enfants, de leur capacité à ingérer de nouvelles notions.

* Des activités qui tiennent compte du développement mental et psychique des enfants, de leur état émotionnel.

* Des activités qui tiennent compte des expériences des enfants et prennent appui sur leurs connaissances.

* Des activités qui font appel aux capacités individuelles, à l'interaction et au défi, voire même au dépassement.

* Des activités qui donnent l'occasion de travailler avec les pairs.

* Des activités qui font vivre un processus, font prendre des risques et apportent à l'enfant de la satisfaction.

Chapitre

10.

S'ouvrir à la connaissance

> «Aujourd'hui les enseignants ne sont plus seulement pédagogues, ils ont à faire une éducation que la famille réduite n'assure plus et ils devraient être, plus qu'enseignants de savoir, des éducateurs à la vie personnelle de chaque enfant.»[1]

Etre en mouvement, savoir s'adapter

Sans cesse en mouvement, l'humanité a toujours connu le changement ; il est cependant reconnu que la vie de cette fin de siècle devient de plus en plus complexe. Des certitudes et des valeurs que l'on croyait bien en place ont été bousculées, apportant parfois quelques améliorations mais semant plus souvent l'inquiétude et le questionnement. Les dernières décennies ont apporté de nouvelles visions sur la famille, le monde du travail, l'implication sociale, l'éducation des enfants ainsi que sur le métier d'enseignant. Celui-ci n'a plus la même auréole... Jadis tant respecté, il semble parfois ne plus retrouver sa véritable place dans notre société.

---

[1] Françoise Dolto, La difficulté de vivre, Paris, Ed. Vertiges du Nord/Carrère, 1986, p.457.

Chapitre 10

Nous avons accumulé des connaissances, nous possédons un savoir éducatif. Bien que nous le remettions souvent en question, il ne doit pas pour autant se laisser détruire sous l'influence de ceux qui prétendent vouloir tout changer. Aux nouvelles visions, il faut intégrer de nouvelles données sans oublier nos connaissances fondamentales. Celles-ci sont le terreau de notre savoir "expérientiel".

Etant participants à la construction de l'humanité, nous en sommes aussi personnellement responsables. Ce que nous sommes maintenant est tributaire de ce que nous avons été. Les changements d'hier nous ont marqués, nous contribuons aux changements d'aujourd'hui ; c'est la loi du perpétuel mouvement...

Accepter de s'adapter, c'est vivre avec cette réalité mouvante qui est la nôtre : nous n'avons pas le choix, il nous faut ouvrir nos champs de compétences sur des domaines complémentaires.

Pour accompagner les enfants qui nous sont confiés, non seulement faut-il connaître et reconnaître les changements qui s'opèrent, mais aussi savoir se mettre à l'affût de ce qui se prépare pour l'avenir. Afin de ne pas "subir" les changements mais être actifs et suivre le mouvement sans nous renier, nous avons plus que jamais besoin de connaître, d'affirmer "qui" nous sommes et de nous investir dans les valeurs que nous voulons maintenir et désirons véhiculer.

Etre cohérent, savoir ce que l'on veut, c'est peut-être ce qu'il y a de plus difficile ! Pour avoir une telle emprise sur notre réalité, nous avons besoin d'une fonction créatrice prête à l'action imaginative. «Les éducateurs qui acceptent de changer, c'est-à-dire de prendre des risques, et qui veulent que ces risques soient connus aussi bien des autorités, des parents que des enfants, doivent pouvoir expérimenter des approches nouvelles, ce qui suppose le "droit à l'erreur" inhérent à tout processus de changement.»[2]

---

[2] Charles Caouette, <u>Si on parlait d'éducation</u>, Montréal, VLB, éditeur, 1992, p. 71.

La multivalence des tâches: une réalité

Les parents mis à part, c'est avec leurs enseignants que les enfants vivent la plupart du temps. De ce fait, ils sont en droit d'attendre d'eux non seulement un soutien pour leurs apprentissages académiques, mais aussi une attention particulière pour les nombreux questionnements que la vie sème sur leur route. Les besoins des enfants d'être écoutés, rassurés et mis en face de leur réalité sont immenses.

Pour cette tâche, il nous est demandé de conjuguer à notre action pédagogique, une implication psychologique. Ainsi, notre action éducative prendra véritablement tout son sens.

Etre un peu... psy? Et pourquoi pas!

Nous arrive-t-il de considérer la psychologie et la pédagogie sous l'angle de leur interaction? Savoir s'ouvrir au domaine de la psychologie, c'est s'instruire et se donner de l'aide.

«Les éducateurs, disait le Professeur Lemay, ne devraient pas voir la psychologie uniquement comme une science, mais bien comme une discipline sur laquelle ils pourraient s'appuyer afin d'enrichir leur propre expérience et leur propre connaissance de la vie.»[3] Ceci réclame de notre part d'être de plus en plus conscients et ouverts aux événements qui touchent la vie affective et émotionnelle des enfants.

Peuvent-ils vivre des heures de disponibilité intellectuelle quand le corps ou le cœur, ou les deux sont souffrants?

Un enfant perturbé par certains événements peut-il fixer son intérêt?

Seule la relation affective, faite d'attention et de compassion, a droit d'aînesse devant des enfants malheureux. Des enfants en mal d'amour, en besoin de soins, en détresse intérieure, en colère

---

[3] Notes de cours du Professeur Lemay, auteur de J'ai mal à ma mère, Paris, Ed. Fleurus, 1979.

grondante et en désespoir de se faire entendre, ont nécessairement des comportements émotionnels qui font obstacle à n'importe quel apprentissage.

Alors comment pourrions-nous nier ce fait et passer au-delà?

Malheureusement, nous négligeons parfois ce savoir ou nous le mettons en arrière-plan parce que nous sommes fixés sur notre mandat d'enseigner, sur nos programmes à réaliser. Pressés de répondre à la demande de résultat, nous considérons le reste comme secondaire. Or c'est justement "le reste" qui permet l'épanouissement et cultive le désir d'apprendre. Si nous voulons que les enfants de nos groupes puissent recevoir notre enseignement, il faut avant tout nous préoccuper de les rendre capables de vivre leur enfance de façon la plus heureuse possible...

Réflexion pour approfondir notre rôle

Au début d'une activité de peinture avec un groupe-classe formé de huit enfants, Mathias, six ans, m'apparaît comme étant très fatigué: il est distrait, bouge beaucoup, bâille. L'aidant à attacher son tablier, je lui dis gentiment qu'il pourrait peut-être se reposer ce matin-là. Et il réplique aussitôt: «hier soir j'ai regardé "Urgences"», une dramatique télévisée hebdomadaire basée sur ce qui se passe au cours de soins médicaux et en chirurgie... Bref tout ce que, à mon avis, des enfants ne devraient pas regarder... Et voilà que Mathias informe le groupe sur le contenu de l'émission de la veille. Je vous dis tout de suite qu'il capte l'attention de chaque enfant et... la mienne! «Il y avait une femme qui perdait beaucoup, beaucoup de sang, trois ou quatre litres je crois, ici, là, entre ses jambes, – et écartant ses jambes, il montre son entrejambe – son bébé est sorti dans l'ambulance, puis elle est morte»... «Ma mère ne veut pas que je regarde "Urgences", dit Aurélie, moi je voudrais bien mais elle ne veut pas.» Et

S'ouvrir à la connaissance

Laurence qui avait regardé l'émission, elle aussi, ajoute au propos de Mathias: «Puis la femme médecin, avait la figure toute marquée. Elle a voulu se suicider.» J'écoute et dis clairement aux enfants: «Urgences est une émission pour adultes.» Plusieurs répliquent: «Oui, mais on aime ça!»

Bien sûr, qui n'aime pas, à cet âge, être informé de ce qui se passe dans la vie? A cet âge et bien au-delà, d'ailleurs. Mathias et Laurence ont confirmé leur fatigue, qu'ils savaient que ce n'était pas pour eux, mais qu'ils aimaient ça... Alors? Tout est dit, ils aiment et on les laisse regarder... voilà!

Au nom de cette réplique, beaucoup trop d'adultes laissent aller les choses, sans se demander si le "j'aime ça", ne provoquera pas de troubles nocturnes, les jours à venir et, qui sait, peut-être même pour des actions ultérieures non réfléchies mais qui apportent leur dose d'excitation momentanée, d'adrénaline non contrôlée...
L'imaginaire se nourrit d'images, ne l'oublions pas!

Nous avons commencé l'atelier de peinture en retard mais nous avions pris le temps de parler. Qu'est-ce que le petit Olivier, un autre six ans a peint sur sa feuille avec son éponge débordante de rouge? Une pyramide... de sang! Je revoyais le geste de Mathias montrant son entrejambe d'où sortait le sang de la mère, donnant ainsi à ses jambes une forme pyramidale. Olivier, très absorbé, frottait et refrottait frénétiquement la feuille... jusqu'à ce qu'elle soit percée, y projetant ce qu'il venait d'entendre.

Par l'expression de soi, l'être humain se libère des pressions intérieures, mais il a besoin du regard et de l'oreille de l'autre pour s'exprimer. Jung nous a si bien informé: «Il est salutaire du point de vue thérapeutique de rendre conscientes les images qui résident, dissimulées, derrière les émotions.»[4]

---

[4] Carl Jung, Ma vie, Paris, Ed. Gallimard, Folio, 1973, p.206.

Chapitre 10

Or la thérapeutique peut se vivre dans toutes les situations... elle n'est pas réservée au cabinet du psy !

Il faut pénétrer dans le domaine de la psychologie, non pas en tant que clinicien, mais bien en tant qu'adulte responsable en action auprès des petits, un adulte qui s'informe, qui essaie, qui ne démissionne pas devant les difficultés rencontrées.

La psychologie doit être au service de l'enfant et non du système. Nous aussi !

L'attention et l'affection

L'attention et l'affection que nous portons à chacun des enfants peuvent nous être d'un secours efficace et nous aider à savoir que dire et que faire. Un adulte qui renouvelle son désir d'être à l'écoute, de comprendre et de soutenir l'enfant en peine et perturbé devient, pour lui, un adulte qui fait naître l'espoir.

Prendre l'enfant tel qu'il est et l'accepter véritablement, c'est peut-être la chose la plus difficile en éducation. Accepter profondément que ce sera lui qui décidera de sa vie sans toutefois cesser de croire à notre influence, voilà de la sagesse, de la maturité et du détachement.

Je le dis et le répète souvent: le métier d'éducateur – qu'il soit parent ou enseignant – est le plus beau et plus difficile métier du monde. On voit rarement, d'une façon tangible, ce qu'on a investi de façon si intense! C'est un métier de foi en soi, en l'autre... Et j'ajoute cette courte phrase du Professeur Lemay, phrase qui m'a beaucoup aidée: «**Il y a toujours un petit quelque chose qui peut rendre l'enfant aimable à nos yeux, même chez l'enfant perturbateur.**» Il s'agit de découvrir ce petit quelque chose et de le lui avouer! Alors là, il se sent devenir quelqu'un pour quelqu'un! Car nous sommes auprès de l'enfant l'une des personnes les plus importantes pour l'aider dans son processus de développement intellectuel mais également comportemental et émotionnel.

Souhaitons donc que les conditions d'enseignement favorisent davantage la connaissance individuelle de nos élèves afin que soient établies de véritables relations éducatives, premier facteur de succès en éducation.

Chapitre 11

Prendre soin de soi

Le "connais-toi toi-même" toujours de mise...

> «*L'entendement ne vient qu'à celui qui se connaît lui-même, c'est-à-dire qui a la perception de la totalité de son propre processus psychologique.*»[1]

ETRE, c'est prendre conscience de la vie en soi, prendre conscience de qui l'on est. C'est donc cheminer au jour le jour dans la connaissance de soi et vivre avec ce qui se passe en soi.

FAIRE, c'est être dans le mouvement de la vie avec tout ce que l'on est. C'est donc mettre en œuvre ce qui est "soi" et participer au grand Tout de l'univers.

Apprendre à être attentif à ce qui se passe en nous, c'est choisir de se connaître, d'aimer qui l'on est. Cet amour de soi n'est pas l'amour narcissique ; il permet et favorise l'émergence de ce qui est la "flamme" au cœur de nous-même, c'est-à-dire notre énergie.

---

[1] J. Krishnamurti, De l'éducation, Paris, Ed. Delachaux Niestlé, 1988, p. 9.

Chapitre 11

Nous sommes à la fois gardiens et créateurs de la vitalité de notre vie. Nous n'avons pas le droit de nous laisser détruire, mais celui d'être heureux! Le but de notre existence ne serait-il pas fondamentalement la recherche du bonheur, la recherche de connaître la satisfaction et la plénitude?

Certains jours, plus ou moins nombreux pour chacun d'entre nous, un sentiment de lassitude devant la tâche à accomplir se fait envahissant. Non seulement la fatigue s'installe, mais le désintérêt se fait sentir. L'âme est à la vague, l'énergie en veilleuse! Tout semble nous échapper! Ce sont des moments de turbulences intérieures où l'enfant qui est en nous réclame de la tendresse et de la sollicitude.

Alors que faire si le cœur flanche? Est-ce le cœur? Est-ce l'âme? Ou les deux à la fois? Et comment pouvons-nous voir venir ces épuisements qui nous rendent incapables de garder notre cap? Tout simplement en étant "attentifs" aux mouvements intérieurs qui ne manquent pas de se manifester même physiquement!

En prenant le temps de faire le point sur ce qui bloque notre énergie, nous découvrons très rapidement que c'est notre vision amoureuse de la vie qui s'est momentanément enfuie et qui nous fait défaut! Où est-elle? Vite, il faut la retrouver, elle nous manque terriblement!

De très grandes "soifs"!

Lors de mes rencontres avec les adultes éducateurs, je suis toujours touchée de constater la grande solitude intérieure qui habite la majorité d'entre eux. Ils ont soif de communication, soif d'entendre parler d'eux, de leur vie professionnelle, personnelle et familiale, soif du désir d'échanges avec leurs pairs et, enfin, soif de se reconnaître parmi les autres si semblables à eux-mêmes!

S'identifier à un groupe qui se reconnaît comme étant en besoin et en démarche, c'est rassurant, c'est "ré-énergisant"!

Hé oui! Les besoins de tous les humains, enfants et adultes, se ressemblent étrangement!

- Besoin d'être aimés – qui ne veut pas l'être?– et besoin d'aimer aussi...
- Besoin d'être reconnus par ceux que nous côtoyons.
- Besoin de recevoir appréciation et reconnaissance pour ce que nous sommes et ce que nous faisons.
- Besoin d'être soutenus par nos supérieurs et d'avoir confiance en eux.
- Besoin de communiquer et de se ressourcer pour continuer la route...

Ces besoins sont à la base de notre santé mentale, physique et psychologique. Ils influencent grandement notre fonctionnement et notre compétence. Pour se sentir performant, il faut avoir son énergie bien en main.

L'énergie, source de vitalité

Faire l'expérience du monde... vivre intensément, avec soi, avec les autres, voilà ce qui, fondamentalement, renouvelle l'énergie et fait fondre la solitude...

Le "prendre soin de soi" consiste à reconnaître l'énergie qui circule en nous et à savoir l'entretenir. Et l'énergie, c'est tout simplement la vie!

Souvent symbolisée par une flamme qui, tout comme nous, "participe de la verticalité", l'énergie serait pour nous ce que la lumière, le feu et l'air sont à la flamme.

Sa lumière? C'est notre vision intérieure.

Son feu? C'est notre chaleur, donc notre amour.

L'air? C'est la liberté, le non attachement, l'abandon qu'il nous faut accepter. Pas d'air, tu meurs!

Chapitre 11

La flamme parfois rayonne, illumine, vacille, se reprend, s'élève, et puis s'éteint...
Mais durant la vie, cette flamme a besoin d'être entretenue.
C'est "le prendre soin de soi".

Prendre soin de soi

L'âme est la compagne de l'intuition. Elle est l'aspect personnel de nous-même, un aspect parfois peu extériorisé mais qui est riche de ce que nous sommes en profondeur. La nourrir, lui apporter ce qu'elle aime, ce qui la revitalise, l'écouter dans ses besoins, accueillir ses ambivalences, comprendre ses leçons de vie et rester attentif à ses messages, c'est aussi prendre soin de soi.

J'ai besoin de grand air, de repos, j'ai besoin d'une bonne rencontre amicale, je me donne ces plaisirs, je prends soin de moi.

Je n'ai jamais de temps pour moi ; tous les autres passent avant moi, alors je décide de m'installer confortablement, d'écouter la musique qui me plaît, de lire une revue ou un roman, d'aller marcher dans la nature, alors je prends soin de moi.

Je prends du temps pour moi, pour me nourrir intellectuellement, moralement, psychologiquement, je prends soin de moi.

Adieu la robotique. Je suis et j'exprime ce que je suis : mes désirs, mes passions, ma folie, mon bien-être, ma colère, mes plaisirs, mes amours, je prends soin de moi.

Par la parole, je dis et j'exprime ce qui me constitue, me fait être ce que je suis. Autorisation que je me donne à prendre ma place.

L'intuition

> «Ce n'est qu'en affrontant l'expérience telle qu'elle vient à nous, sans chercher à fuir ce qu'elle a de troublant, que nous réussissons à maintenir l'intelligence sur le qui-vive. Cette intelligence hautement éveillée est l'intuition, notre seul vrai guide dans la vie.»[2]

Nous devrions être plus sensibles à notre intuition et nous y fier. C'est le sixième sens, celui qui parle le plus à notre conscience. L'énergie bien distribuée apporte un équilibre capable d'intuition. C'est elle, l'intuition, qui sonne la cloche de l'urgence du repos... l'entendons-nous? Elle a un petit son très précis: elle annonce la venue de l'harmonie en nous, si nous le désirons, évidemment.

Voilà son message: cesse d'être à tout vent et reviens vers toi; ne sens-tu pas que l'harmonie t'appelle? Parfois, il faut savoir quitter l'action et tout simplement "écouter le silence nous dévisager"... Prends "un temps pour toi" et donne-toi ce que tu donnes généreusement aux autres.

En ces temps réservés à nous-même, l'équilibre se refait, l'énergie revient.

Si au jour le jour, nous sommes à l'écoute de ce qui se passe en nous, si nous laissons parler notre intuition, elle qui naît de l'intelligence de notre cœur et s'accompagne des besoins de notre âme, nous ne pourrons nous perdre de vue.

Se perdre de vue et penser être capable d'éduquer l'autre, c'est faire fausse route. «Eclaire ta lampe, dit le prophète, avant de te mettre à l'écoute de l'autre.»

---

[2] J. Krishnamurti, De l'éducation, Paris, Ed. Delachaux Niestlé, 1988, p. 3.

Chapitre 11

Quelques ancrages pour retrouver sa source de vie...
Lorsque la vague semble vouloir nous faire chavirer, il est des ancrages qui font reprendre pied. A plusieurs reprises, ils ont su m'aider à retrouver ma vitalité. Les voici :

Premier ancrage : s'inspirer des enfants

Il existe un moyen quasi magique pour nous aider à renouveler notre énergie : "se coller" sur les enfants que nous aimons et les regarder vivre. Simplement les regarder. Ils sont générateurs d'énergie.

Ne sont-ils pas des créateurs innés, c'est-à-dire des petites personnes qui se donnent à tout ce qu'ils font sans compter ?

Sans cesse, ils utilisent leur forces vitales et se revitalisent dans l'action !

Intéressés ? Ils démontrent une qualité d'attention peu ordinaire.

Au jeu ? Ils explorent, cherchent et découvrent des fonctionnements qui les motivent et les rendent fiers d'eux-mêmes.

Ils désirent de la nouveauté ? Elle les excite, les rend fébriles, les fait se sentir vivants ; alors ils la cherchent et la trouvent...

Ils savent reconnaître le plaisir, l'ingéniosité et usent abondamment de leur imagination dans l'un comme dans l'autre.

Devant les choses très simples pour lesquelles nous ne ressentons aucun réflexe du cœur, eux vivent l'émerveillement ! Ils sont encore loin de l'usure, de la routine et des habitudes. Somme toute, la plus grande beauté de leur fonctionnement, c'est leur vision sans cesse renouvelée.

Voyons ce que James Hillman nous dit de l'énergie des enfants. «L'enfant entre dans le monde rempli du principe de plaisir, il est un feu roulant de désirs devant ce que le monde a à offrir. L'enfant danse avec l'exubérance débordante du chevreau ; il explore partout comme un chaton, et comme lui il a des peurs soudaines ; et comme un porcelet tout lui semble délicieux ! Il fait bon être dans ce monde quand, – et seulement quand – l'imagination avec laquelle l'enfant est descendu dans le monde est toujours vivante, et qu'il reste assez de cette imagination pour imprégner les choses du monde de la beauté de la vision de l'enfant.»[3]

Alors, en observant les enfants, simplement en les observant, nous sentons peu à peu qu'une osmose se produit. Le cœur s'ouvre à la disponibilité et se laisse envoûter. A travers leurs yeux, nous découvrons ce que nous ne savions plus voir: la vie dans toute sa profondeur "d'être". Simplement La Vie.

Et c'est ainsi que, momentanément en panne, nos instances créatrices sortent de leur léthargie et apportent avec elles le désir de vivre. Après tout, nous avons été ce bel enfant vivant, nous avons simplement grandi... Alors pourquoi ne pas redonner à cet enfant qui est en nous l'espace qu'il réclame, nous permettant de voir la vie avec son regard?

Deuxième ancrage: combler ses désirs

Eh oui! Ils sont nombreux nos désirs et trop souvent nous préférons les ignorer parce que nous nous jugeons incapables de les combler! Et pourtant, ils sont moteurs de vie... Sans eux, aucune énergie créatrice ne peut se manifester. Mais, au fait, les connaissons-nous?

Lorsque le temps et l'usure ont fait tomber des plumes et que le désir semble être en mal de vivre, que faire sinon aller vers des activités qui viendront chercher les forces vives de notre être et renouvelleront notre désir de vivre et d'être heureux? Sans contredit, ce qui peut faire ancrage alors, c'est la mise en œuvre de quelque chose qui nous exprime, qui nous fait nous reconnaître comme étant créatif et imaginatif. Pour cela, nous devons reconnaître nos propres capacités d'être, de faire et les exploiter. Et plus cette mise en œuvre sera nôtre, plus elle sera satisfaisante, car nos souhaits étant personnels, il ne faut surtout pas compter sur les autres pour les combler.

---

[3] James Hillman, <u>La Beauté de Psyché</u>, Montréal, Ed. Le Jour, 1989, p. 61

Chapitre 11

Apprendre à se garder des moments pour soi, des temps riches qui renouvellent notre vision de nous-même et, de ce fait, ré-énergisent notre désir de fonctionner. Ces moments sont si précieux. Et puis, aller chercher de l'air! Oui, de l'air, dans lequel se retrouve ce qui nous a déjà donné des ailes, il n'y a pas si longtemps! La nouveauté, l'inédit, le défi et l'amour au cœur aident à retrouver le plaisir de vivre, donc rebâtissent notre énergie. Et pour redorer cette vision de soi-même, il est nécessaire de refaire constamment le plein de sa confiance en soi. C'est particulièrement ce que peut nous donner une vie imaginative et créatrice.

Troisième ancrage : entrer en communication
Rechercher du support et devenir un support pour quelqu'un d'autre.

Voilà un ancrage tout aussi essentiel que les deux premiers. Nous avons besoin des autres, ils ont besoin de nous.

Se choisir une personne positive à notre égard, une personne accueillante, sans jugement déstabilisant ou culpabilisant. Celle-ci n'œuvre pas nécessairement en éducation, mais elle doit avoir l'âme d'une éducatrice, c'est-à-dire qui cherche, elle aussi, à cheminer avec quelqu'un et à l' accompagner. Ce travail relationnel et de communication réclame de la réflexion bien sûr, mais apporte à coup sûr des fruits insoupçonnés. Et cela s'appelle l'amitié!

Je pense, je réagis, j'en parle, je communique.

Si l'on se ferme à la communication, nous ouvrons difficilement notre espace intérieur aux autres, notre besoin de relation se trouve alors en manque.

Si je deviens un être de concertation et de recherche, je questionne, je m'offre à la découverte et je chemine.

C'est ainsi que nous devenons des "allant-devenant"! Je ne sais donc pas tout et j'apprends!

Et c'est si bon d'être en communication, de se savoir écouté et ... bien sûr d'éprouver du plaisir à écouter l'autre.

Et sur le plan professionnel, comment faire pour établir des relations satisfaisantes?
*Réfléchir sa propre vision de la vie et de l'éducation et la partager.
*Analyser et essayer de comprendre la vision personnelle de l'autre, son orientation et sa pensée créatrice.
*Ensemble, ré-orienter vos désirs de vivre - et de bien vivre - votre vie professionnelle.
*Dans vos échanges, retrouver le sens premier donné à vos orientations éducatives.
*Retourner aux sources de votre choix professionnel et revivre la joie des premiers temps.

Trop souvent la solitude étouffe les moments d'explosion de joie, les rires et les bien-êtres. Alors à deux, à trois ou plus, créons une famille d'appartenance qui offre des moments bienfaisants de fou rire. Que d'air, que d'air!...

Quatrième ancrage: éloigner ses peurs, se faire confiance

Regardons notre insécurité, ce sera déjà toute une découverte et peut-être serons-nous capables d'éliminer certaines situations qui nous paralysent.

Quelles sont mes peurs?... Etre trouvé incompétent? Que ne ferais-je pas pour être trouvé parfait, parfaitement au fait, parfaitement parfait!

Je veux répondre à la demande. Mais est-ce que je me questionne pour savoir d'où vient "réellement" cette demande? De moi-même peut-être? Des autorités? Des parents? Du passé?

J'ai le droit de me montrer tel que je suis, c'est-à-dire de ne pas

Chapitre 11

avoir toujours réponse à tout et pour tous et ce, au bon moment et pour chacun. Oui, j'affirme la reconnaissance d'une certaine incompétence dans mon travail... quelques trous dans l'emmenthal... et puis après?

Est-ce là un idéal de vie que de vouloir représenter la perfection? Et si j'y arrivais, je serais satisfaisante pour les autres, mais n'aurais-je pas perdu la trace de moi-même, de ce que je suis réellement? L'enjeu de cet effort perpétuel de ne pas déplaire et de se conformer ne finit-il pas à l'usure par faire perdre l'identité de son moi?

«Vivre créativement est toujours plus important pour l'individu que bien faire.» [4]

Ce qui est nuisible, c'est de nier cette évidence et de faire semblant de tout savoir, d'avoir toute la science et la compétence pour n'être jamais dans l'erreur. De nombreux éducateurs-enseignants réclament cela d'eux-mêmes, et qu'enseignent-ils alors aux enfants? D'être aussi parfaits..!

On a souvent peur du regard de l'autre, d'être jugés, et pourtant, très souvent, nous ignorons l'admiration ou peut-être même l'envie que nous pouvons susciter! De toute manière, il faut savoir qu'il y aura toujours quelqu'un pour nous remettre en question! On peut recevoir des remarques et plier les épaules ou se demander en quoi elles pourraient servir à notre réflexion: le conflit devient alors créateur d'énergie.

Rester à l'affût et se questionner est indispensable: d'où me viennent ces remarques? Sont-elles directes ou viennent-elles de quelqu'un d'autre? Et qui est cette personne? A-t-elle intérêt à me déstabiliser? Veut-elle mon bonheur? Cela vaut la peine d'y réfléchir...

Quoi qu'il en soit, je ne peux satisfaire tout le monde. Mais je le suis pour moi-même, pour quelques-uns qui savent me recon-

---

[4] W. D. Winnicott, <u>Conversations ordinaires</u>, Paris, Ed. NRF, 1967. p. 59.

naître, m'acceptent et sont prêts à partager avec moi leur vision. Ce sont mes véritables amis. Suis-je prêt à les entendre ?

Se voir en mouvement: une introspection dynamique

Veiller sur soi d'abord, c'est notre première tâche, celle d'être "bien" avec soi-même. Notre regard sur l'autre est important, mais il sera d'autant plus lumineux si nous portons sur nous-même un regard vrai, sans complaisance et rempli de fierté. La compassion peut aussi s'exercer envers soi-même, compatir signifiant "vivre avec"... ses peines, ses questionnements, ses déboires,... les voir, les regarder, leur donner leur place. Oh, volonté que d'erreurs l'on commet en ton nom, que de volontarisme et que de dureté parfois on a envers soi-même, dans un but d'idéal, dans une pensée de sur-moi, finalement insupportable !

Vivre pleinement en toute connaissance de soi en sachant très bien que tout est en mouvement aussi bien en nous qu'autour de nous et que nous aurons toujours à parfaire cette connaissance. C'est intéressant, c'est un défi ! Il y a même parfois des surprises fort agréables qui viennent au rendez-vous.

«Quand on se surprend soi-même, nous dit Winnicot, on est créatif et on s'aperçoit qu'on peut faire confiance à cette originalité qu'on a en soi.»[5]

---

[5] W. D. Winnicott, <u>Conversations ordinaires</u>, Paris, Ed. NRF, 1967. p. 56.

Chapitre 11

Aller avec la vague...

 «Unique vague dont je suis la successive mer.»[6]

La vague...
Tout est en mouvement, aussi bien en soi qu'en dehors de soi.
Il n'est donc pas évident de garder le cap!
Mais la mer nous porte et porte la vague.
N'essayons surtout pas de contrer le travail de la mer...
Laissons la vague aller à son propre rythme.

Voyons notre mouvement intérieur comme une vague que porte la mer; voyons le mouvement personnel de chacun des enfants comme des vagues portées par la mer. Et ces mouvements se croisent, s'entrecroisent et en ressortent plus forts, doublés dans leur élan.

Parfois, dans leur rythme respectif, les vagues s'accordent, elles se rencontrent, tel un mouvement dans l'amour ...

Et parfois aussi, soumises à la poussée du vent et des profondeurs de la mer, les vagues s'entrechoquent et s'éclaboussent!

Mais toujours, toujours, la vague accompagne la marée et la marée fait confiance à la vague.

A quoi bon lutter contre elle, se dit la marée, puisqu'en elle et par elle s'accomplit l'éternité?

Se voir dans la marée, c'est voir ce qui se passe en soi...

Se voir monter, descendre puis remonter et redescendre telle la vague qui crée son chemin.

Accompagner la vague, c'est faire confiance au passage qu'elle se trace pour son accomplissement.

Tout réside dans l'abandon...

---

[6] Reiner Maria Rilke, <u>Les Sonnets à Orphée</u>, Paris, Editions du Seuil, 1972, premier sonnet.

Table des matières

1. La fonction créatrice

Naissance de la fonction créatrice — 1
- Etre et faire, c'est se réaliser — 1
- La beauté du verbe "Etre" — 2
- Créer, c'est inscrire quelque chose dans le réel — 4
- L'intuition, un sixième sens ... — 5
- L'intuition en place stimule la fonction créatrice — 6
- "Le faire" dérive de "l'être" — 8

Dynamique de la fonction créatrice — 10
- L'aventure de la connaissance — 10
- Un désir de croissance — 11
- Le rôle important de l'adulte — 12

Processus de maturation de la fonction créatrice — 17
- La pulsion créatrice — 17
- Vers deux ans: le moi se cherche et s'affirme — 18
- Le deux ans et ses colères — 19
- Le deux ans et son "moi capable" — 20
- Le deux ans et son besoin d'identification — 20
- Le deux ans et ses jeux de fiction — 21
- Le deux ans et son langage — 22
- Trois ans: le "Je" s'impose, s'exprime et se socialise! — 23
- Trois ans: les activités créatrices s'organisent — 24
- Trois ans: le début de l'animisme — 25
- Trois ans: les pourquoi et les comment — 25
- Trois ans: les jeux de rôles — 26
- Trois ans: le besoin d'adultes — 26
- Quatre ans: Je parle, j'imagine et je socialise — 27
- Cinq ans: Je sais, je connais et je m'exprime — 29
- Devenir un être de langage — 31
- Notre rôle dans cette démarche — 31

Table des matières

2. L'art d'éduquer ... — 35
Le plaisir d'accéder à la connaissance — 37
L'expression créatrice de soi — 38
Les activités de création favorisent l'identification du moi — 39
Enseigner quelques techniques — 40
L'intérêt du moi — 40
Des valeurs à intégrer — 41
Faire confiance, accueillir, respecter — 42
L'enfant à la recherche de langages — 43
L'art de l'enfant — 44
Le processus et le résultat — 45

3. L'image — 49
Les images qui nous habitent — 50
L'image est l'aventure de la perception — 50
Aller à la recherche de ses images — 51
De l'image rêvée à l'acte créateur — 53
L'image ou l'idée? — 54

Les images venues d'ailleurs — 57
Les images épinglées — 57
Des images significatives — 58

4. L'imagination — 61
Au fait, qu'est-ce que l'imagination? — 62
L'imagination se fait créatrice — 63
L'imagination, magie de l'image — 66
Le plaisir d'imaginer — 68
A propos ... de rêver et de faire rêver — 69
Laisser le temps nécessaire à la maturation — 71
L'imagination au service de l'assimilation — 75
Qu'est-ce qui fait rêver les enfants? — 76
L'imagination au service de l'adaptation — 76

Aider l'imagination des enfants à rester vivante	77
Attention! Attitudes qui assassinent l'imagination...	78
Stimuler les enfants à se raconter	80
Témoigner de notre propre vitalité imaginative!	81
Et donner de l'air à la pédagogie ...	82

5. L'imaginaire   *85*

L'aire de jeu de nos images	86
Peindre et... faire appel à son imaginaire	92
Promenons-nous dans l'imaginaire...	93
Du réel à l'imaginaire... de l'imaginaire au réel	94

6. L'imaginaire en mutation   *99*

Nos jeunes: des fans d'images...	99
Des communications autrefois inusitées	100
Les nouveaux contes de fées...	103
Un phénomène d'ostracisation	105
Accepter que les enfants se disent	106
Tout est dans la relation, c'est bien connu!	107
Des activités qui libèrent l'expression	109
L'activité de modelage: une expérience ...	111
Pas d'action éducative sans questionnement	116
Un souhait: des lieux pour se dire	117

7. Le symbole   *119*

L'origine du symbole	121
Le symbolisme est descendu dans la rue...	122
La fonction symbolique	123
S'entraîner à symboliser	126
Un thème stimulant et provocateur: le feu!	127
Un autre grand thème venu de la nuit des temps	129
D'autres thèmes à exploiter	133
Semer, semer et encore semer	134

8. Les archétypes   135
Les archétypes, structures de l'inconscient collectif   135
La représentation archétypique   137
Faire "sa" maison   139
Deux montagnes et un soleil levant   146
Les oiseaux en forme de "N" ou de "V"   148
La fleur tulipe   150
Une tristesse à partager   152

9. Des activités qui "font sens"   153
Le corps participant   154
Intérêt et désir, partenaires dans l'apprentissage   155
Nous sommes des êtres de "désir"   156
Des défis de taille   156
Explorer et découvrir...   159
Faire des liens   160
Favoriser l'ouverture de nouveaux champs d'intérêt   160
Plaisir, joie, effort, volonté, compagnons dans la découverte   162
Offrir des activités qui favorisent l'interaction   167
Le court et le long terme   169
Partir de notre connu et enrichir celui des enfants   174
Prendre des risques   176
L'attention : une attitude profondément éducative   176
Bases d'activités significatives   177

10. S'ouvrir à la connaissance   179
Etre en mouvement, savoir s'adapter   179
La multivalence des tâches : une réalité   181
Etre un peu... psy ? Et pourquoi pas !   181
L'attention et l'affection   184

11. Prendre soin de soi   *187*

   Le "connais-toi toi-même" toujours de mise...   187
   De très grandes "soifs"!   188
   L'énergie, source de vitalité   189
   Prendre soin de soi   190
   L'intuition   191
   Quelques ancrages pour retrouver sa source de vie...   192
   Se voir en mouvement: une introspection dynamique   197
   Aller avec la vague...   198

Bibliographie

Alleau René,
   La science des symboles, Paris, Ed. Payot, 1982.
Bachelard Gaston,
   L'air et les songes, Paris, Librairie José Corti, 1943.
   La philosophie du non, Paris, PUF, 1970.
   La poétique de l'espace, Paris, PUF, 1958.
   La poétique de la rêverie, Paris, Ed. PUF, 1960.
   La terre et les rêveries de la volonté, Paris, Lib. José Corti, 1948.
   Le droit de rêver, Paris, Vertiges, 1985.
Beaudot Alain,
   Vers une pédagogie de la créativité, Paris, Ed. ESF, 1976.
Bertherat Thérèse,
   Le corps a ses raisons, Paris, Ed. Le Seuil, 1995.
Bobin Christian,
   La part manquante, Paris, Ed. Gallimard, 1989.
Buber Martin,
   La création et ses mythes, Paris, Ed. Le Seuil, 1977.
Caouette Charles,
   Si on parlait d'éducation, Montréal, VLB, éditeur, 1992.
Chevalier Jean, **Gheerbrant** Alain,
   Dictionnaire des symboles, Paris, Ed. Robert Laffont/Jupiter, 1962.
Chiriaeff Ludmilla,
   Comme un cri du cœur, Montréal, Ed. L'essentiel, 1995.
Clos René Jean,
   L'enfant halluciné, Paris, Grasset, 1987.
Dewey John,
   L'école et l'enfant, Paris, Ed. Delachaux Niestlé.
Dolto Françoise,
   La difficulté de vivre, Paris, Ed. Vertiges du Nord/Carrère, 1986.
   Les étapes majeures de l'enfance, Paris, Ed. Gallimard, 1994.
   Solitude, Paris, PUF, 1978.
   Tout est langage, Ed. Gallimard, Paris 1995.
Dufrenne Michaël,
   Esthétique et philosophie, Paris, Ed. Klincksieck, 1976.
Eliade Mircea,
   Images et Symboles, Paris, Gallimard, 1952.

Bibliographie

Fabry Jean,
 Introduction à la psychopédagogie de l'expression, Ed. Labor, Bruxelles, 1977.
Falaise Jean-Pierre,
 Cahiers Jungiens de psychanalyse, #79, Des trois soleils aux trois ponts, Paris, printemps 1994.
François Yannick,
 Françoise Dolto, Paris, Coll. Païdos-Centurion, 1990.
Gibran Khalil,
 Le prophète, Paris, Ed. Casterman, 1965.
Gloton Robert et **Clero** Claude,
 L'activité créatrice chez l'enfant, Paris, Ed. Casterman E3, 1971.
Gloton Robert,
 L'art à l'école, Paris, PUF, 1971.
Grand dictionnaire de la psychologie,
 Paris, Ed. Larousse, 1992.
Gutton Philippe,
 Le jeu chez l'enfant, Paris, Editions Sociales Françaises, 1968.
Held Jacqueline,
 L'imaginaire au pouvoir, Paris, Ed. Ouvrières, 1977.
Hillman James,
 La Beauté de Psyché, Montréal, Ed. Le Jour, 1993.
Hoffman Mary et **Ray** Jane,
 Terre, Feu, Eau, Air, Paris, Ed. Gauthier-Languereau, 1995.
Humbert Elie G.,
 La dimension d'aimer, Paris, Cahiers Jungiens de psychanalyse, 1994.
Jacquard Albert,
 Moi et les autres, Paris, Ed. du Seuil, Coll. Points, 1983.
 Petite philosophie à l'usage des non-philosophes, Paris, Calmann-Lévy, 1997.
Jean Georges,
 Culture personnelle et action pédagogique, Paris, Casterman, 1978.
 Pour une pédagogie de l'imaginaire, Paris, Ed. Casterman, 1991.

Jung C.G.,
   L'homme à la découverte de son âme, Paris, PBP, 1962.
   L'homme et ses symboles, Paris, Robert Laffont, 1982.
   Les racines de la conscience, Paris, Buchet-Chastel, 1970.
   Psychologie et Education, Paris, Ed. Buchet-Chastel, 1963.
   Ma vie, Paris, Ed. Gallimard, Folio, 1973.
Krishnamurti J.,
   De l'éducation, Paris, Ed. Delachaux Niestlé, 1988.
Lemay (Professeur),
   J'ai mal à ma mère, Paris, Ed. Fleurus, 1979.
Lobrot Michel,
   Les effets de l'éducation, Paris, Les éditions ESF, 1974.
Malrieux Philippe,
   La construction de l'imaginaire, Paris, Ed. Charles Dessart, 1967.
Marc Varenka et Olivier,
   Premiers dessins d'enfants, Paris, Ed. Nathan, 1992.
Moore Thomas,
   Le soin de l'âme, Montréal, Ed. Flammarion, 1994.
Nataf André,
   Jung, Le monde de... , Paris, Ed. MA, 1985.
Neumann E.,
   The origins and history of consciousness, Londres, Karnac, 1989.
Reeves Hubert,
   Patience dans l'Azur, Paris, Ed. Le Seuil, 1981.
Rilke Reiner Maria,
   Les Sonnets à Orphée, Paris, Editions du Seuil, 1972.
Rondal Jean-Adolphe et **Hurtig** Michel (co-dirigé par),
   Introduction à la psychologie de l'enfant, Paris, Pierre Mardaga éditeur.
Vadeboncœur Pierre,
   Vivement un autre siècle!, Montréal, Ed. Bellarmin, 1996.
Winnicott W. D.,
   Conversations ordinaires, Paris, Ed. NRF, 1967.

Reproduit et achevé d'imprimer en 1998
par l'imprimerie Bietlot
B-6060 Gilly

Dépôt légal : septembre 1998
D/1998/5349/43